老

信徒

故事集

2

書名：**老信徒故事集 -2**
作者：陳國恩
封面設計：朱碧珊
出版公司：寶瓦出版有限公司
網址 : www.provider.com.hk
出版公司電話 (Tel.)：+852-63553450
出版公司電郵 (E-mail)：providerpublishing@gmail.com
地址：香港中環郵政總局信箱 GPO 9796 號
出版地：香港
版次：二零二二年三月初版
定價：港幣 $95
版權 ©
版權所有
國際書號 : 978-988-75675-5-4

Title: **The Stories of An Elder Follower-Volume 2**
Author: Benny K. Y. Chan
Cover design: Scarlet Chu
Publisher: Provider Publishing Limited
Website: www.provider.com.hk
Tel. No. of Publisher: +852-63553450
E-mail Address of Publisher: providerpublishing@gmail.com
Post Address: Hong Kong General Post Office Box No. GPO 9796
Place of Publication: Hong Kong
Edition: First edition, March 2022
Price: HK$ 95
©
All Rights Reserved
ISBN: 978-988-75675-5-4

* 作者歡迎讀者給予意見，請以下列電郵轉達意見：
The Author welcomes any comments from readers.
Please forward comments to the following e-mail:
電郵 / E-mail：bennykyc@yahoo.com.hk

序言

一．老信徒的個人見證

二．老信徒的敬拜和聚會

七. 老信徒的事奉

八. 老信徒的聖經和教會

九. 老信徒的傳福音

十. 老信徒的品格和罪

自序

　　筆者一生委身於「神話語的職事」，從第一篇信息開始，就根據自己本身的經歷，自我創作了一個老信徒的人物，每次均以他作為講道的例子，雖然部份不是原創的，是改編自他人的故事，但是，由於大受歡迎，欲罷不能。而且老信徒的故事幫助聽道的弟兄姊妹記著神的話，亦讓他們理解如何應用。於是筆者將 2008 年前的創作故事，撮合成書，出版了《老信徒故事集-1》。感謝主！在《老信徒故事集-1》出版後，讀者們反應正面，也鼓勵筆者繼續創作，於是，筆者嘗試將 2008 年至 2015 年的創作，加上首次宣講的日子和經文，結合成第 2 集，希望繼續燃起讀者對神話語的興趣。

　　感謝筆者所相信的神，一直使用和信任筆者。也感謝亡妻張凱儀、愛女旻旻、愛子旻昇，以及所有的家人，包括陳美儀、溫純良、陳國禮、黃麗娟、陳俊軒、陳曉彤、陳美珊、胡志光、胡心悅和胡心穎，您們都是筆者最愛的人，因著您們的同在，筆者才可以活得精彩。也感謝基督教恩霖堂及其眾弟兄姊妹們，包括同工樊秀娟傳道、梁韻萍傳道、李思杰傳道、孫家俊幹事和梁淑儀幹事等，是您們給予筆者一個場景，實踐老信徒故事的創作，特別是黃栢中和李嘉媚夫婦多年的同行，給予筆者多番的激勵。並多謝神召神學院的眾同工、校友和同學，包括陳映龍弟兄、吳君輝弟兄和朱碧珊傳道等在出版上的協助；多謝百忙中寫序的甄浩業牧師、鄺承昌傳道和李少琴傳道，多謝您們對老信徒故事的欣賞和喜愛，成為筆者創作的動力。

　　筆者謹將此書獻給香柏樹工作室的全體同工、導師和代禱者，包括黃志寬、趙佩儀、許逸朗、關蓉而、黃志美、潘允翰、陳力茵、Joey、Koey 和 Llilian 等，因為您們與筆者有同一個心志，要將神的話語透過不同的方法和故事，遍傳於世間。最後亦將此書獻給已安息主懷的、筆者的善牧劉惠蓮牧師、良師楊錫鏘牧師、同學何淑賢傳道、摯友黃小英姊妹和知己廖天順院牧。也藉此書紀念神召會迦勒堂的撒母耳小組、但以理小組、利百加小組、提摩太小組、以賽亞小組、以及身在泰國北部的挪亞傳道和林毅敏傳道、剛踏入全職事奉的莫沚晞傳道、仍在青少年事工奮鬥的袁偉豪弟兄、玻璃海樂團的蔡廷東弟兄、和在澳門的陳倩如和歐曉盈姊妹。

主僕

陳國恩

牧長的序

　　去年年中收到《老信徒故事集 -1》的時候，便被當中的內容吸引了，因為甚是有趣，想不到《老信徒故事集 -2》這麼快又出版了！那份興奮的感覺就像筆者年青時買了新出版的武俠小說一樣，所以便急不及待地拿着初稿細閱，書中有不少地方叫人會心微笑，又或是令人捧腹大笑。記得我在某個商場的角落看這份初稿時，忍不住大笑起來，當時場景甚為尷尬，但還是忍不住繼續笑……。又有些內容當頭棒喝，道出今天教會、信徒的問題，這就是老信徒本色：說當說的話，老老實實，拿出勇氣來！哈利路亞！感謝主！（我們都要好好反省呢！）

　　開始寫序言的時候，本想以「發人深省小故事」作為開始，但一路寫下去，便發覺並不恰當，應該以「窩心」來形容這本書。大家知道「窩心」一詞的意思嗎？原來這個詞的現代解釋有其貶意，亦有其褒義：前者解作「受到委屈或侮辱後不能表白或發洩而心中苦悶」；後者解作「舒暢、欣慰的感覺」。因為閱讀這本書的時候會被老信徒「窩」了一下（甚至像連環拳的吃了幾下重拳），叫人眼淚在心裏流。也有時候會被老信徒「窩」了一下又一下，卻舒服得像去推拿按摩一樣！甚至感動落淚。

　　不論被老信徒「窩」得怎樣，這本書絕對是啟迪人心的好書，但只想提醒讀者看這本書的時候記緊三件事：

首先，一定要看文中的經文，因為聖靈會引導你從老信徒的故事中發現一扇門，當你打開那扇門，進到裡面，又會有新的啟迪和思考，叫你獲益良多；

其次，記得帶備紙巾，隨時隨地用來抹眼淚；

第三，記得綁好安全帶，否則隨時會被「窩」到跌在地上

甄浩業牧師

****

在講求效能與利益的今天，人們或許會選擇一種分割的信仰模式 -- 只做星期日的信徒。平日的生活，就由世界價值和個人喜好作主。可是，真正的信仰卻是在生活的每個層面活現出來的。在《老信徒故事集 -2》，陳牧師運用他豐富的觀察力，往往在生活微細處，找到信仰的反思，這是他生活的見證。在現實的場境中，配上虛構的情節，加上精警的聖經經文及反思，有時令人頓感當頭棒喝，有時又讓人會心微笑，是他牧養上給我們的提點。《老信徒故事集》更是陳牧師信仰真實的經歷，當中有他的掙扎、有他的擺上、有信仰的堅持與反思。在他坦誠的分享中，讓大家感受到這位「老信徒」的親切，在信仰上得到鼓勵和提醒。

李少琴傳道

****

「看了數篇突然明白了為什麼這書會『大賣』，因為書中有神的賜福！有陳國恩老師的生命在其中。不是高深的神學反省，而是切切實實的生命！」這是看了《老信徒的故事-1》的感受。

《老信徒的故事-2》更多從老信徒的故事中看見人生的歷練，原來神建立一個人，是如此「到地」的，這不是大起大落的故事，而更像細水長流的小溪，涓涓地流進每個讀者心裏，雖然涓涓無聲，但卻滋潤萬物。或許內裏的故事與每個信徒不一樣，但《老信徒的故事》確確切切地讓信徒反思每個人的信仰生命，重新激動每個人內心對神的熱情，讓大家在熱情中與神建立關係。也讓這「冷冰冰」的世界，成為那一點的火光，帶給信徒溫暖。

鄺承昌傳道

一.
老信徒的個人見證

① 鴛鴦耳

日期：2013 年 5 月 5 日　　　　經文：出埃及記 20 章 12 節

　　老信徒一出生就鴛鴦耳，即兩隻耳朵是不同大小的，傳統的中國人迷信，認為鴛鴦耳養不大。老信徒的母親十分擔心，因為老信徒是長子，在小時候又經常生病，四歲之前，老信徒差不多每星期都要去看醫生，於是他母親就用盡方法養大他，甚至在他小時將他契了黃大仙，為了要保護他，雖然老信徒和他母親從來沒有去過黃大仙廟。及後，老信徒長大，母親又鼓勵他要多做運動，希望他的身體會好一點。不過，老信徒始終長得矮小，在小、中學期間，永遠排隊在頭三名，不是成績，是上課的列隊。所以就算老信徒長大成人，母親仍然當他小孩子般保護，有時當別人欺侮老信徒，或是別人取笑他，母親在場的時候，總會立即出聲幫他。甚至朋友只是開一開玩笑，但她也會幫口，若有人見到，勸她不用這麼緊張，她總會說一句話，就是：「緊係啦，她是我的兒子！」老信徒理解這說話背後就是「愛」，她愛老信徒，當然老信徒也會以行動回應她，愛她，報答她，原因只為背後這一句愛的說話：「緊係啦，她是我的兒子！」

　　因此，老信徒特別緊張每一個母親節，母親節其實起源於古希臘，這是古希臘人向希臘眾神之母赫拉致敬的日子。其後十七世紀中葉，節日流傳到英國，在這一天，人們回家送小禮物給母親。美國的母親節由安娜·賈維斯 (Anna Jarvis,1864-1948) 發起，她終身未婚，一直陪伴在母親身邊。安娜的母親心地善良，極富同情心，她在世時，安娜已經提出設立一個紀念日來紀念母親，可是這個願

望尚未實現，母親就逝世了。於是女兒安娜於 1907 年開始舉辦活動，申請將母親節成為一個法定節日。1913 年，美國國會確定將每年五月的第二個星期日作為法定的母親節，並規定這一天家家戶戶都要懸掛國旗，以表達對母親的尊敬。而安娜的母親生前最愛的康乃馨也就成了美國母親節的象徵。而中國古代也有一個「中華母親節」。為了紀念孟子的母親，孟子的母親叫甚麼名字也沒有人知，只知她叫仉（音掌）氏，通常我們只叫做孟母，是中國人母親的典範，「孟母三遷」在中國廣為流傳，所以有中國人以農曆四月初二，即孟母誕生孟子的日子作為母親節，不過，就不及西方的母親節流行。總而言之，在母親節，老信徒都會和母親好好地慶祝，為的是「孝敬母親」。

經文： 當孝敬父母，使你的日子在耶和華－你神所賜你的地上得以長久。（出 20:12）

默想： 十誡最後六誡中，以「孝敬父母」為首，因為家庭就是社會結構和人際關係的基礎。今日，要理解神這一句誡命，要回應，就首先要理解神頒佈這誡命的原意，就是愛：祂愛我們，希望我們得福，所以祂要求我們愛父母，然後得著福氣！

② 在主裡

日期：2013 年 5 月 5 日　　　　經文：以弗所書 6 章 1-4 節

　　老信徒小時候，生活窮困，爸爸行船，母親除了照顧家庭外，也要想辦法幫補家計，她不只租房子時，包租以賺取分租的租金，也車衣來賺取額外金錢。她車得一手好衣服，但由於老信徒兄弟姊妹們年紀尚小，所以母親不能到工廠工作，她只能夠每天到工廠拿取一些布料，回家車衣，車好了，就拿回工廠交貨。不過，由於衣物十分重，裝入袋也十分大，整個布袋差多大過她自己身子，由老信徒的家中拿到廠房，再由廠房拿回新的一袋到家中，都是十分辛苦。於是，老信徒和弟弟通常都會輪流陪她去，幫她拿一些，以減低她的負擔。

　　有一次，將近新年，老信徒和母親拿衣服回家，途經一間玩具舖，老信徒看見一架玩具船很美，就停下來，觀看了一眼，母親看見，就問他：「你喜歡嗎？」老信徒點一點頭，不敢說話，因為他知道他們可能買不起，但母親二話不說，就入去買了給他，這玩具是老信徒小時候收過最貴、又最喜歡的禮物，他還記得當時是四十元，相信這價錢已是母親多日的工資。

　　又有一次，又是將近新年的時候，老信徒和母親拿衣服到廠房，媽媽叫老信徒不用上工廠，叫他在工廠樓下等，樓下正是一間時裝店，他看見一件毛冷衫很美，於是就站在廚窗觀看，母親下來，看見了，他連忙轉過頭不看，因為害怕她又買給他，立即幫她拿衣服走。走了一段路，她突然問老信徒：「你喜歡那件毛冷衫嗎？」老

信徒不敢回答，但母親見他不回答，就拉他回去，買了那件毛冷衫給老信徒，這毛冷衫是他小時收過最貴、又最喜歡的衣服，相信這件衣服可能已是她多日的工資。而當時這件毛冷衫亦是四十元。

雖然老信徒的家庭很貧窮，連讀書、返學也沒有錢，但母親從來沒有叫他們不要讀書，她愛子女們，希望他們有朝一日可以出人頭地，她用不同的方法鼓勵他們，讓他們四兄弟姊妹都發奮向上。今日，他們四兄弟姊妹已經有了自己的家庭和事業，他母親亦已經信了主多年，雖然沒有和老信徒一起居住，但她的愛和教導，老信徒仍銘記於心。老信徒現已是傳道人，但她也時常「在主裡」提醒他，讓老信徒得益不少。

經文：你們作兒女的，要在主裏聽從父母，這是理所當然的。「要孝敬父母，使你得福，在世長壽。」這是第一條帶應許的誡命。你們作父親的，不要惹兒女的氣，只要照著主的教訓和警戒養育他們。(弗 6:1-4)

默想：要生活得和諧美滿，子女要「在主裡」順從父母，而父母就要用主的方法去教導子女。事實上，每個人都是神所創造的，他們有著美好的性情和良心，故此，當他們以良善去教導子女，就已經是用主的方法去教導他們。當然，他們仍然有人的劣根性，有陋惡的一面，所以，若想完完全全用主的方法去教導子女。最好的，就是相信主耶穌，了解祂，以致可以運用祂所教的方法，教導子女。

③ 時間表的編排

日期：2009 年 5 月 9 日　　　　　經文：約翰福音 11 章 9-10 節

　　老信徒第一次投考大學失敗後，他決心要更努力準備，讓自己可以翌年進入大學。於是，在考試前大半年，他編訂了每日讀書的時間表，然後依據這時間表去溫習：

時間	運用
2:00-6:00am	睡眠
6:00-6:30am	刷牙洗臉
6:30-8:30am.	讀書 (2 小時)
8:30-9:30am	早餐 + 小休
9:30-12:30am	讀書 (3 小時)
12:30-2:00pm	午餐 + 小休
2:00-6:00pm	讀書 (4 小時)
6:00-8:00pm	晚餐 + 小休
8:00-11:00pm	夜校 / 讀書 (3 小時)
11:00-12:00pm	洗澡 + 小休
12:00-2:00am	讀書

　　每日約有十二小時溫習，這個時間表有沒有問題？留意，每一日只有四小時睡眠。

　　的確在那大半年期間，老信徒皆可以按計劃執行這編排。直至到第一科開考，是英文聆聽，他當晚也是睡了四小時，翌日早上起床，跟著去試場考試，聽完錄音播放後，便要答二十五題目，當老信徒答完十條題目，就倦得睡著了，最後收卷時，還需要監考員叫醒他。他明白這是由於他沒有好好運用時間，只是按他自己的喜好，

改變作息的時間，而沒有按聖經定時的觀念作息。

　　人的生命雖只是永恆中的一小點，卻是神所看重的。因著我們的時間有限，所以我們要善用我們的時間。時間的編排比重代表了我們人生的方向，而人生的方向也是需要時間上的計劃，我們要善用我們有限的光陰去行主的道。保羅信主後：

1. 建立至少六間教會；
2. 至少寫了十三卷聖經；
3. 栽培了很多傳道人；
4. 曾到了很多地區宣教。

經文：耶穌回答說：「白日不是有十二小時嗎？人在白日走路，就不致跌倒，因為看見這世上的光。若在黑夜走路，就必跌倒，因為他沒有光。」(約 11:9-10)

默想：每週有 168 小時，除固定的時間外，對於一些可用的時間，每個人可能已經有一定運用的模式。作為一個基督徒，現在可能是重新計劃及修正的時候，先寫下以往可用時間的時間表，然後看看：

1. 那些佔據你最多的時間；
2. 那些時段是可以修改或減省。

相信我們信耶穌的人，應該改變時間的運用，將最多可用的時間都放在屬靈的追求上。

④ 書櫃

日期：2010 年 6 月 18 日　　　　經文：馬太福音 22 章 35-40 節

老信徒自小家窮，小、中學陪伴成長的，只有一個書櫃，是父親拾了幾塊木板，釘在一起而成的書櫃，有三層，上層是姊姊，中層老信徒，下層弟弟和妹妹，很多人看不起這書櫃，覺得它十分醜陋，但老信徒和全家都永遠當它是最好的書櫃，這是因為他們欣賞父親盡力的表現。

老信徒長大後，有一年，他嘗試用廢紙和繩子，去為這個書櫃裝上一度簾子（門），做了一整天，終於完成了。姊妹、弟弟和父母親都讚賞，說十分好看。過了一兩天，老信徒終於忍不住，將簾拆下、掉了，因為他實在覺得十分難看。但家人仍然追問：為甚麼要掉了它，他們覺得這度門很好看，相信是因為他們欣賞老信徒的盡心竭力。多年後，老信徒四兄弟姊妹都踏進社會工作，於是他們決定放棄這書櫃，棄置書櫃的一刻，大家懷著不捨得的心情，因為這是代表父親盡過力的心血。

> **經文：**「夫子，律法上的誡命，哪一條是最大的呢？」耶穌對他說：「你要盡心、盡性、盡意愛主—你的神。這是誡命中的第一，且是最大的。其次也相倣，就是要愛人如己。這兩條誡命是律法和先知一切道理的總綱。」（太 22:35-40)
>
> **默想：**神看我們的事奉，不是在乎結果，乃是我們有沒有盡力？

⑤ 眼睛沒有神氣

日期：2013 年 1 月 29 日　　　　經文：創世記 29 章 17 節

　　老信徒先天不足，成長過程中，已經不被人重視，當他讀小學和中學時，永遠排前 3 名，不是說成績，是學生排隊。在運動方面，就總被認為是較差的一個。當他進入神學院修讀神學的時候，有一年，他和一位六呎高、高大威猛的同學一起去一個監獄事工的機構實習，監獄事工最重要的一環是搬運器材及物資到監獄，以便進行佈道工作，這項工作通常由實習神學生負責，於是那位高大的神學院第一日實習報到，就大受那機構的同工歡迎，相反地，當日老信徒卻沒有和任何人傾談超過一句說話。

　　老信徒記起創世記對雅各正室的描述：「眼睛沒有神氣」，作為雅各的正室，正如我們信仰，是正版，是十分重要的，而利亞是雅各母舅拉班的大女兒（創 29:10），家底不錯，聖經應該對她有一定正面的描繪。可是，她一出場，經文就指出她天生的缺失：「眼睛沒有神氣」，中東天氣炎熱，女性為防太陽光線灼傷皮膚，通常都會以衣服覆蓋全身，只餘下眼睛。別人只能望見她的眼睛，因此，眼睛就代表她外貌的一切，「沒有神氣」，就是先天不足，加上聖經更與她妹妹的美貌並列，突顯她先天的問題，因此，他父親拉班只能用欺騙的方法，才將她嫁出，可見她先天的悲哀。

經文：利亞的眼睛沒有神氣，拉結卻生得美貌俊秀。(創 29:17)

默想：利亞是耶穌的先祖，她順服她父親及神的安排，甘心樂意地跟隨一個不愛她的丈夫，沒有為上天的安排而抱怨，反順服神的召命。今日，相信我們每一個信徒都可能會如利亞般，皆先天之不足，父母不是有財有勢，自己不是聰明絕頂…。不過，面對神的安排和召命，我們會否甘心樂意地順服，而成為救恩的泉源呢？

⑥ 第一份工的見證

日期：2014 年 11 月 29 日　　　經文：提摩太後書 1 章 6-7 節

　　有一日，老信徒和一個青少年在樂富逛街，見到一條長長的人龍，以為他們排隊為甚麼，排手機？展覽？原來是抽居屋。老信徒心想：「如果我們教會每個星期都有這麼長的人龍就好了！」2011 年，老信徒義務去一間教會開展青少年工作，他們沒有做社區工作，沒有扶貧，沒有辦補習，沒有辦暑期聖經班，沒有在街頭派單張，老信徒也沒有做過甚麼，主要佈道方法是：弟兄姊妹個別帶新朋友回來。他們的青少年區就由六至七個人，在五六年間增長至四十多人，增長是基於弟兄姊妹一起努力，以及有勇氣在自己的環境中傳揚福音的結果！

　　基督徒未必人人在自己的環境中有勇氣見證主，特別是那些剛剛入職工作的弟兄姊妹，加班不夠膽量說「不」，星期日又不夠膽不工作。老信徒甫出來工作，也是如此。他是在八大會計師樓之一做核數，核數出名長時間工作，當時在正常情況下，也要工作七日，每日慣常要晚上十時多可以放工離開。當老信徒一入職，他的牧者已教導他表明自己是基督徒。當然最好的方法是：食飯祈禱，但老信徒第一日就好膽怯。與同事食飯的時候，發覺沒有人祈禱，於是遮遮掩掩就算了，同事也沒有理會，老信徒祈禱後，食物已餘下不多了。

　　飯後，同事又話夾錢買六合彩，當時是兩元一份，每人只需夾兩元，錢不算多，但作為基督徒，老信徒又不想做，於是硬著頭說不夾，同事問：「為甚麼？」只有唯唯諾諾地回應，不過，同事說：「如果

　　中不到,唯你事問?」這樣,只好說出自己是基督徒。但同事又說:「你是基督徒,他又是基督徒,他也賭!」幸好想起牧者的教導,老信徒才有勇氣堅持下去!

　　到了星期六、日,老信徒要返教會,卻又要工作,他早上返了工,下午本想起身離開,但所有人的眼睛都看著他!同事又說:「你夠膽起身,老闆還未走,你夠膽走!」只是想起牧者的教導,才有膽量起身返教會。幸好,神給予老信徒「治理事的」恩賜 (林前 12:28),他自小有計劃、有條理和自律,他性格測驗的自律一項總會去到99%,就像電視台片集《神探亞蒙》的主角一樣,工作有規律、有效率,所以他不會扮忙,也不會拉長工作來做,做事又比別人快。因此,老信徒在會計師樓工作了八年,得到很多上司和同事的賞識,讓他不但可以持守信仰,而且可以準時完成工作,工作效率甚至比別的同事高,所以升職加薪都比較別人好,相信是他倚靠神,神給予他治理事情的恩賜,讓他可以在多許多方面見證神,甚至可以帶領了一些同事和客戶返教會。

經文:為此我提醒你,使你將神藉我按手所給你的恩賜再如火挑旺起來。因為神賜給我們,不是膽怯的心,乃是剛強、仁愛、謹守的心。(提後 1:6-8)

默想:神給予提摩太恩賜,讓提摩太不膽怯,反使提摩太有勇氣去見證主。恩賜並不一定只可以用於教會,有很多是連於我們平日生活,讓我們可以在平日生活,對著非信徒使用,以致可以見證主。

⑦ 老信徒的會計師樓

日期：2014 年 11 月 29 日　　　經文：提摩太後書 1 章 8-9 節

　　老信徒大學入學試不理想，他決定自修來重考，他需要找個地方來溫習。那時，香港沒有一些公共的自修室，於是他以低廉的學費，進入工業學院讀書，為了是有個地方去讀書，誰知再重考大學兩年，也入不到大學，又沒有金錢可以到外國讀書，所以他決定出來工作。可是，他想不出他可以做甚麼？他赫然發覺在工業學院是修讀會計的，當年八大會計師樓又破例在工業學院招聘，讓老信徒可以有機會受聘到其中一間工作。那時，核數行業薪酬低、工時長，一星期常常工作七日，每日朝九晚十，若碰到客戶上市或稅務死線 (Deadline)，通宵工作就無可避免。過了些日子，老信徒有機會出外地公幹，以為會好一些，可以遊下埠，可是，情況更不理想，時間更緊迫，通宵的情況更普遍。面對工時長，又要讀書考會計師的試，加上行業內只有少數的基督徒，不要說事奉及見證，就是靈修和聚會，也有很大張力。

　　老信徒多年來都是在會計師樓或上市公司工作，工作和靈命都有起起跌跌。至 1993 年尾，老信徒工作攀上了高峰，他逐漸忘記了神，少了返教會。後來，因他與老闆產生了分歧，離開了那間上市公司，找了很久，也找不著工作，或是需要他回國內長駐而被他拒絕。那時，他十分失意，感到好像沒有人明白他，祈禱又好像沒有回應。翌年，奇妙的事出現了，有一些舊客戶找他，叫他替他們核數，由於老信徒只曾在大的會計師樓工作，如果只由他一人擔任核數，未必做得好。不過，他們卻表示，因著老信徒是基督徒，他

們信任他！過了一年，老信徒發覺他自己這樣接生意，也足夠生活，而且還可以騰空更多時間親近神和事奉神。這樣，他開設了自己會計師樓，並將公司從中環遷到教會附近，方便他在辦公時間內，也可以回到教會的學校內做福音工作。那段時間，他為一些教會做義務核數，又聘請了一些有經濟需要的弟兄姊妹來工作，並且努力向客戶傳福音，帶了一些客戶信主，老信徒以前不相信工作可以與事奉和見證結合，原來神是可以成就的！

> **經文：** 你不要以給我們的主作見證為恥，也不要以我這為主被囚的為恥；總要按神的能力，與我為福音同受苦難。神救了我們，以聖召召我們，不是按我們的行為，乃是按祂的旨意和恩典；這恩典是萬古之先，在基督耶穌裏賜給我們的。(提後 1:8-9)
>
> **默想：** 提摩太年輕，秉性素來怯懦，需要保羅輔助，但保羅作為師傅，因福音的緣故被捉拿到羅馬成為階下囚，未能協助他。當時提摩太可能有點灰心、膽怯，於是保羅透過書信去鼓勵他。保羅在提摩太後書第一章一連四次採用「不以為恥」的句子 (8、12、16)，是針對提摩太的需要而發出的，叫提摩太繼續勇敢以他的生命去見證主。

⑧ 老信徒轉職

日期：2014 年 11 月 29 日　　　經文：提摩太後書 1 章 11-12 節

　　老信徒在 1987 年轉到一間中型會計師樓任職，並成功考獲會計師的資格，期間他為自己的前途祈禱，希望有機會轉去商界的大機構工作，以致可以有更大的發展。果然，不久，他以前的老闆就介紹他去一間大機構工作。經過面試，對方很滿意，而薪酬更是老信徒當時薪酬的一倍以上，並且有花紅，不過，對方竟要求他第二日就上班，但不用怕，他們會替老信徒付代通知金給舊東家。意思是，老信徒翌日回公司，遞辭信職，繳付一個月代通知金，放下所有負責的工作，然後到新公司返工。

　　好工、好人工，又好前途，是人人夢寐以求的工作。而且明天就有，機會難得！面試後，當晚教會有祈禱會，於是，老信徒回去分享，並提出代禱事項，牧師和弟兄姊妹為他禱告後，都贊成老信徒轉職。不過，散會後，老信徒的女朋友（後來成為他的太太），竟然向他說：「你經常說你老闆對你很好，如果你真的這樣做，好像沒有道義？這是否神要你這樣做？又這樣做是否會失去見證？」老信徒像當頭棒喝，他想：「神要我做甚麼？是前途？或是見證祂？」他實在捨不得那份新的工作，雖然留在原有公司是一種見證，但卻喪失了前途！然而，他最後順服，再致電新公司，表明對方若不給予他一個月時間通知舊公司，就寧願不做了！

　　結果老信徒當然沒有成功轉職，不過，消息就傳開了，很多同事和朋友都體會這信仰的寶貴。1991 年，在朋友的轉介下，老信徒

轉到一間大公司任職，較之機構更大，而且上市！老信徒以為持守信仰一定會蝕底，但神竟然可以讓他在信仰、見證和前途都同樣蒙福，一切都是神的保守！

經文：我為這福音奉派作傳道的，作使徒，作師傅。為這緣故，我也受這些苦難。然而我不以為恥；因為知道我所信的是誰，也深信祂能保全我所交付祂的，直到那日。(提後 1:11-12)

默想：信徒們常常信不過神，神叫我們見證祂，於是我們循例祈禱交托，然後跟著用我們自己的方法去處理事情。保羅的生命和事奉都是神所託付的，保羅也深信神的能力能夠保全所交付他的，保羅不是糊塗地相信，乃是對這位神有清楚的認識，認為祂是可以信靠的，祂會及能夠保全保羅所作的一切工作。

⑨ 可以有兩年命？

日期：2014 年 11 月 29 日　　　經文：提摩太後書 1 章 13-14 節

　　老信徒在職場的日子，一直未嘗忘記神所賜之異象，常常禱告記念，神也多次重覆提醒他要在四十歲之齡全職事奉。1999 年中有一位客戶找他策劃一個大型的互聯網項目，並叫老信徒結束他的業務，與他一同管理這間公司，老信徒想必是與他開玩笑吧！這客戶認識的會計師多得很，用不著找老信徒。那客戶表示，找他是因為老信徒是基督徒，所以只信任他。同年十月左右，他正式向老信徒發出邀請，並把老信徒的名字列入計劃書內，老信徒發現參與的竟全是國際知名的大財團，更甚的是，他提出的薪酬約是老信徒當時在收入的十倍，加上房屋、汽車、認股權、合約酬金……等等福利，相信兩年合約後，老信徒就可以賺到一筆金錢來退休——這是他夢昧以求的。老信徒頓時陶醉於這夢想：「神安排這份工，讓我可早點退休，全心事奉祂！」當老信徒向教會的人分享，大家皆認同這是神的安排，牧者也鼓勵他這樣做，太好了！

　　當項目將要展開時，卻經常有聲音不斷地提醒老信徒：「你知道你自己真的可以有兩年命嗎？」真的，老信徒不敢確定，他只知道這份工作需要犧牲他很多時間：聚會、事奉、家庭……，如果他只有兩年命，值得嗎？但是放棄，又捨不得，掙扎了很久，祈禱了很久，但神的聲音仍是不間斷地提醒他，神的聲音讓他降服，放棄加入這項目，並放棄自己的理想。神讓老信徒在職場看見他的夢想時，可以甘心放棄，而進入神更好的旨意中。

往後，神叫老信徒繼續留在職場見證，直到 2001 年初，驚訝地，三位不同的會計師主動去洽購老信徒的公司，他漸漸體會到神當初呼召的實在，但是子女年幼，高堂尚在，老信徒實在信心不足，透過禱告，在神的安排下，終於在十一月完成公司的轉讓，並在 2002 年進入母會為駐校傳道兼傳道幹事。

老信徒開始明白，他是蒙揀選，多年職場，不單讓他可以見證祂，也可以讓自己可以被塑造，可以事奉！神不是叫老信徒將計劃呈報給祂批閱，乃是要老信徒活在祂的計劃中。那時，老信徒感覺到，神正在呼召他進入神的計劃（四十歲全職事奉）當中。就好像以賽亞，神自言自語問：「可以差遣誰呢？」，這位 El Kahlil（神的朋友）就站出來說：「我在這裡」。

老信徒在會計多年，明白到在職場上要見證，就要讓人知道自己的信仰：謝飯禱、返主日等，又要持守靈修、聚會、奉獻和見證等，也需要同行者，並學習在適當時候放手。到了作傳道人的時候，他仍然可以用得著過往的知識和經驗去見證主。在傳道生涯中，老信徒曾在會計師的團契當導師，也曾入了中學當義務會計老師，一小時的課堂，卻有十五分鐘的福音時間。他的過去所擁有的，至今仍被神所用。

經文：你從我聽的那純正話語的規模，要用在基督耶穌裏的信心和愛心，常常守著。從前所交託你的善道，你要靠著那住在我們裏面的聖靈牢牢地守著。（提後 1:13-14）

默想：13 節的「規模」原意有「模範」和「榜樣」的意思，指藝術家畫畫時最初的輪廓，或建築師最初所畫的藍圖，或作家最初的內容綱要。代表保羅所持守信仰的態度，要在自己的崗位內，以遵行真理成為別人的榜樣。願意我們體會神職業的安排，不要輕看我們職場上的位份，努力見證主！

⑩ 青少年區的見證

日期：2014 年 11 月 29 日　　　經文：路加福音 4 章 18-19 節

　　有一次，老信徒被一位同事，邀請他做一份調查問卷，那同事表示，完成後，可以獲得一張自助餐卷，原來這問卷是有關宗教信仰的。於是老信徒填了，那同事也送了一張自助餐卷給他。事後有人聯絡他出席自助餐的餐會，於是他按時到達一個類似俱樂部的地方，那裡沒有招牌，沒有任何告示。不過，那同事沒有欺騙他，那裡有自助餐到會，又有表演，沒有任何信仰的宣傳，只是飲飲食食玩玩，沒有任何壓力，老信徒也很享受。會後，那同事邀請他下星期再回來，老信徒詢問那地方是否教會，因為他表明返開教會，但那同事只是唯唯諾諾，沒有回答。不過，老信徒臨走時，在那地方的門口，看見一個「閃電」的標誌，於是他嚇得不敢再赴約。其實，這是一間正統的基督教教會，只是他們不想太「硬銷」(hard sale)，所以在教會以外，租了一個地方，專做新朋友的福音活動，不會標誌任何有關教會的宣傳，也不會在聚會中，提及教會的信仰，讓來賓不覺得受壓。

　　老信徒反省，傳福音不應這樣，見證主必須有福音元素，也必須提及耶穌基督，無論新朋友喜不喜歡，這可能是他們一生裡，唯一一次聽到福音，他們怎可以放棄機會。老信徒回想他在某教會青少年區做義務牧者時，弟兄姊妹十分害怕向相熟的同學傳福音，因為他們的同學大部份都反基督教，他們標籤那些同學為：反耶部隊。當他們帶那些同學返教會，他們總會提醒老信徒，不要硬銷，以免惹起反感，而拒絕再返。但老信徒提醒他們不用怕，當每次小組聚

會前後，聖靈感動老信徒要和新朋友講福音，他就向他們硬銷，奇妙的是，一個又一個地決志信主，而且有些最後還做了小組組長。老信徒領略當中的要訣，就是傳揚的內容必須是耶穌基督的福音。

> **經文：**主的靈在我身上，因為他用膏膏我，叫我傳福音給貧窮的人；差遣我報告：被擄的得釋放，瞎眼的得看見，叫那受壓制的得自由，報告神悅納人的禧年。(路 4:18-19)
>
> **默想：**現在許多人以信福音為恥，怕被人譏笑，不敢在人面前承認耶穌的名。不敢說返教會，不敢說信仰，好像福音是可恥的。今天，我們經常被放在一群極端反對神的人中，受盡壓力，害怕為主見證而受苦。基督徒不是不想見證，是希望舒舒服服地見證，最好一傳，就信。然而，神揀選我們進入不同環境，讓每個環境都有基督徒，我們就不應害怕困難，要使更多人有機會相信耶穌！

二.
老信徒的敬拜和聚會

① 玲姐的故事

日期：2008 年 8 月 17 日　　　經文：馬太福音 15 章 22 節

　　老信徒的教會有一位姊妹，叫玲姐，她是在某超級市場工作的。當她初返教會的時候，由於星期日她在超級市場要上班，所以她不可以休息，只能在平日放假，星期日通常都返不到教會，只可以參與小組。有一次，她在小組分享，表示好渴望返崇拜，於是老信徒和弟兄姊妹們為她禱告，也鼓勵她為這事禱告。初時她以為這是不可能的事，就算是神應允她的禱告，也只可能是間中休息，又或是神賜下另一份工作，讓她不用星期日上班。

　　但是，我們鼓勵她大膽求，過了一個月左右，她的舖頭有些人事變動，她調去了一個星期日未必需要當值的部門，而部門的同事全都喜歡星期日上班。因此，順理成章，不用她要求，她的上司每星期都編她在星期日放假，這就是她堅強的信心和大膽的祈求所得來的回應。

> **經文：**有一個迦南婦人，從那地方出來，喊著說：「主阿！
> 大衛的子孫，可憐我．我女兒被鬼附得甚苦。」（太
> 15:22）

默想：今日，我們雖然相信耶穌，但也有很多偏見，總以為屬靈的事，就用禱告解決；俗世的事，就以俗世的方式、俗世的知識和經驗去解決。留意迦南婦人如何來到主前，如何運用她的信心。她首先必須大膽勝過自己的偏見，因為外邦人和猶太人之間，彼此都有極深的偏見，互相不信任對方的神。但這婦人明白，她一生可能只得這一次機會見主面，也是唯一次機會拯救他的女兒；故她一見主面，便放下自己信仰上的偏見，立刻切切懇求主，成就了這次的醫治。

② 崇拜聽道

日期：2008 年 10 月 5 日　　　　經文：帖撒羅尼迦前書 4 章 1 節

　　現在的信徒常有這種錯誤，以為聽過的道就不必再聽，厭煩類似的道理，因此聽道的時候，只是評道，而不是聽道。他們會怪責講員講得不好，又或是講員沒有新鮮的信息給他們聽，其實，全本聖經總數有 1,189 章，撇開如家譜、獻祭法則、會幕法則、重覆經文等章節，這些大家私下都不會閱讀，講道又不會宣講的經文，再除開五十二個星期的崇拜，那麼，可能大家每星期靈修一次，或是每星期參與一次崇拜，十年後，大家就甚麼經卷都已經讀過或聽過，如果有信徒再勤力些，不只一星期一次聚會，又參加主日學，又在外間修讀神學院延伸課程，相信他們不出十年，有關聖經的基本知識，他們都應知道掌透徹了。

　　正如，老信徒的教會有位青少年，他返了教會幾年，讀了聖經兩年，會考就考到了 A 了。如果信徒看看補習的廣告，就知道聖經絕對沒有新意，也對人沒有吸引力，市場價值甚低，所以從來沒有聖經科的補習天王。

　　事實上，對於一個返教會一段日子的人，真理是不變的，講員講來講去都是那些，有人問老信徒：「為甚麼你所分享的聖經解釋，我自己怎樣看聖經，也總是看不出來？是不是你自己作出來的？」老信徒就回答：「只要你看多幾遍，或是多看註釋書，或是多參加聚會，或是多參加外間的課程，就可以知曉了！」

老信徒會考聖經科都是剛剛合格。老信徒對聖經所解說的，大多半不是新的，很多都是從看書而來的，所謂左抄右抄，聖經和註釋書難有新意。

經文：弟兄們！我還有話說：「我們靠著主耶穌求你們，勸你們，你們既然受了我們的教訓，知道該怎樣行，可以討神的喜悅，就要照你們現在所行的，更加勉勵。」（帖前 4:1）

默想：聽道沒有新意，只要信徒願意聽完又聽，聽漏了也可以補充，因著人的遭遇和環境不斷變遷，有些道第一次聽，人們不覺得需要，第二次聽的時候卻覺得非常適合。正如講道的人，雖然講過了，也還要再講，讓弟兄姊妹可以有不同的領受。主耶穌在世時也常是這樣，在不同的場合，也會重複祂已經講過的信息，讓人可以遵行。

③ 快快的聽

日期：2008 年 10 月 5 日　　　　經文：雅各書 1 章 19 節

　　有一個晚上，老信徒在某電視台看了一輯時事節目，當中談及一間美國的教會，他們是一間座堂式的教會，很大、很多人、很富有，弟兄姊妹崇拜時很專心，老信徒羨慕信徒專注的態度。

　　節目訪問這間教會增長的秘訣，原來這間教會的主任牧師很喜愛賽馬，也經常研究。後來，這牧師感到：為何不利用賽馬來為神贏取更多的金錢，以致有更多資源來發展教會。當然，老信徒不同意他的做法，也認為他這樣做不合符神的心意，但他仍然有興趣看下去。

　　這牧師的做法非常有趣。開始時，他自己參與賭馬，把贏得的金錢全部撥歸教會。後來，他更以教會名義出馬經（賽馬報章），所有的收入亦全撥歸教會；如是者，教會開始富有起來，也因著這原因，弟兄姊妹也沒有多大的反對。最後，他公開鼓勵弟兄姊妹跟隨他的榜樣，參與賽馬，並將所贏得的金錢奉獻給教會。

　　於是弟兄姊妹在崇拜聽道時就變很特別留神，因為這位牧師每星期都會將他研究的結果放入講章內，以類似的說話說出來：「今日下午賽馬，請留心第幾場第幾號的馬匹！」由於他只講一次，所以會友都要快快的聽，聽漏了，就沒有了貼士。如果信徒聽神的話語也是這樣，那麼，教會就沒有這等情況出現，也不會誤將賽馬的資訊，看為神的話語了！

經文：我親愛的弟兄們，這是你們所知道的，但你們各人要
快快的聽、慢慢的說、慢慢的動怒。(雅 1:19)

默想：遵行神的道，就首先要認識聖經。使徒時期聖經還未成
書，是以口傳為主，換句話說，大家都沒有一本書叫「聖
經」，那麼，要認識聖經，就要靠崇拜時，細心聆聽講
員誦讀的經文。因此，行道是由聽道開始，聽道就是聽
神的話語，不是別的話語。

④ 種樹

日期：2008 年 10 月 5 日　　　　經文：雅各書 1 章 22-24 節

有一天，老信徒到內地觀光。在道路上，他看見兩個工人，一個拿著一把鏟子，正在道路旁挖洞，約每三公尺就挖一個洞，而另一個工人卻跟著把前一個工人剛挖好的洞，立時填回起來，如此反覆不停的、持續著做 ....。

老信徒覺得好奇，於是便問第一位工人：「為甚麼你一挖好洞，後面那位仁兄就把洞填回起來呢？」那工人回答說：「我們是在綠化道路，有三個工序，分別是：我負責挖洞，第二個人負責種樹，第三個人負責填回泥土。」

老信徒更好奇地問：「我看不到有人在種樹？」那工人便回答說：「我是負責挖洞的，他是負責填土的。不過，第二個負責種樹的工人今天請假沒有回來。」

這兩個工人表面很聽話，很盡忠、負責，卻不是忠實的遵行者，只是自欺欺人，沒有完成綠化道路的責任。

> **經文：**只是你們要行道，不要單單聽道，自己欺哄自己。因為聽道而不行道的，就像人對著鏡子看自己本來的面目。看見，走後，隨即忘了他的相貌如何。(雅 1:22-24)

默想：這段經文對於香港今日的信徒很貼切，信徒聽道，卻沒有想過要實踐聖經。當信徒聚會後，離開教會，轉個身，或在升降機門口，或在茶樓內，已經忘了講員所說的，可能只記得講員的外表，或是他講錯的說話，或是他講過的一兩個笑話，其他都全然忘記了。其實，神給予我們很多恩典，神知道我們在生活上有很多張力，所以祂叫我們一個星期只得一次崇拜，聽道只得一個早上，而行道則約有六日半的時間，一日做不到，就下一日做，總有一日做得成。

⑤ 加油站

日期：2008 年 11 月 23 日　　經文：馬太福音 2 章 1-3 節

　　有一次，老信徒開車到加油站加油，他停在油站的全套服務區。金融海嘯後，油站的服務就更加好，三個工人快速的迎接他，第一位為他洗窗，第二位為他檢查機油，第三位幫他量度輪胎氣壓。他們很快完成這些工作，收了十加侖油錢後，老信徒便把車開走了。

　　三分鐘後，老信徒看看汽油錶板，沒有油了，心想：「剛才油站中，好像沒有人曾為我的車加油？」原來匆忙間，大家都忘了幫他加油。人往往花時間做一些次要的事，而重要的事，人反倒往往忘記了。神使耶穌降生，進入人類的歷史，成為人的敬拜對象，這是一個大事，值得關注，可是，百姓都忙於生活，當時伯利恆的客店老闆代表一些只關心事業和生活的信徒，像今日香港的信徒一樣，他們會說，聖誕歸聖誕，工作歸工作，耶穌誕生與工作無關。在聖誕節，很多人是利用聖誕作生意，賣聖誕禮品，辦聖誕大餐，聖誕好像與我們的敬拜無關。我們的眼睛是否像百姓，只看到工作和金錢，因而看不到耶穌，只把耶穌放在馬槽，而沒有為祂預備客房呢？

　　當日的社會是無情，但不安。社會的富裕並不一定是信徒的好見證，我們信徒常以為學歷高、人工高、成就高，就是好見證，但聖經並不是這樣，入名校、入大公司、攞高薪、生活富裕，以聖經的角度，這些都不一定能見證耶穌，只有無論在富裕或貧窮中，我們保持與神一個密切的關係，才是一個好的見證。

　　當時伯利恆的百姓不安，是因為他們所標榜的生活，不是建立

在與神的關係上，如果救主來，不是增加他們的富裕，只是減低他們生活的質素，這種改變他們是接受不了。弟兄姊妹，信靠神，神要你們敬拜祂，但很可能使你們減人工，生活艱苦，或減低你們的享受，使你們不安，你們可不可以接受呢？

> **經文：**當希律王的時候，耶穌生在猶太的伯利恆．有幾個博士從東方來到耶路撒冷，說：「那生下來作猶太人之王的在那裏，我們在東方看見他的星，特來拜他。」希律王聽見了，就心裏不安．耶路撒冷合城的人，也都不安。（太 2:1-3）

> **默想：**當星期日想到要敬拜，我們就可能面對不安，我們可能要放棄正在忙碌中的工作，去準備迎見偉大的神，不要再想恆生指數，不要再記著股票收市幾多錢。我們或許不是想著這一些大事，只是想著：明天崇拜後，有沒有時間逛街，或是星期六晚煲不煲碟，或是看不看明珠 930。是不是很不安？其實，神不是想我們不安，只是想我們以敬拜來得著更新、改變。我們要為敬拜作準備，我們有沒有在每次敬拜神以先，學習放棄那些令你們「不安」的事呢？

⑥ 早作準備的敬拜

日期：2008 年 11 月 23 日　　　經文：馬太福音 2 章 7-8 節

　　老信徒的教會有一位會友，非常敬虔愛主，經常為牧師代禱。每一次崇拜，他總會坐在最前的一行，但在講道時，他總會睡著了。於是，有一次老信徒問他：「你是否有甚麼問題？為甚麼每次崇拜都會睡著了？」那會友回答說：「因為我知道崇拜要早作預備，所以逢星期六晚上，我都會早些做完所有工作，以便作好準備。」

　　老信徒又好奇地問：「那麼，為甚麼你還是這樣倦？」那會友回答說：「為了準備得好，我每次都花很多時間為我、為你、為牧者祈禱，有時甚至通宵達旦禱告，所以夜了睡，才引致崇拜時睡著了！」老信徒發覺，我們不好好準備參與敬拜，有時未必是一些屬世的煩擾，反而是一些似是而非的屬靈原因，例如：太關心弟兄姊妹，打多了電話等等原因。或許這樣說，當星期六想到翌日返崇拜，我們可能會想起：明天在教會有甚麼事情要做？有甚麼人要見？⋯等等。於是，人們因著教會有事做，寧可不坐下來敬拜主！但是，我們要緊記，這些並不是不屬靈的事，卻不是神所要我們做的事，神只需要我們來敬拜祂！

經文：當下希律暗暗的召了博士來，細問那星是甚麼時候出現的。就差他們往伯利恆去，說：「你們去仔細尋訪那小孩子，尋到了，就來報信，我也好去拜他。」(太 2:7-8)

默想：弟兄姊妹，我們是否只是希律式的敬拜？充滿著擔心和憂慮。我們要更新我們的敬拜，實踐我們的信仰，要讓每一次敬拜與我們的生命結連，好好準備神透過敬拜進入我們的生命裡。那麼，除了要放下不安，也要預備精神和一顆心靈，專心去敬拜主，以致無論是崇拜中每一個環節，我們都可以參與及主動投入：唱詩可以大聲唱，聽道可以有精神聽，奉獻可以預早準備好，讓整個人都可以全人投入參與敬拜。這樣的敬拜才會使生命與神結連。弟兄姊妹，你們是否準備好投入及參與敬拜呢？

⑦ 平安夜報佳音

日期：2009 年 8 月 9 日　　　　經文：約翰福音 17 章 11 節

　　有一段時間，老信徒的教會每逢聖誕節平安夜晚上，都會在九龍公園門口唱詩，他們會事先向所屬區域的區議會申請九龍公園柏麗大道那個門口的場地，即在藝術品「祈禱手」附近的樓梯級那裡。這位置正正霸佔著九龍公園在彌敦道的入口，佔盡地利，因此，人們經過往往會停下來觀看及聆聽。有一年，有一間號稱全港最大的教會，他們申請了在九龍公園內舉辦平安夜佈道會，並請了陳敏儀及廖啟智一對明星夫婦來作見證。可惜他們在彌敦道的入口卻被老信徒教會的詩班所佔據，雖然他們放了一個大電視在詩班的後面，又在大電視機旁，找人用「大聲公」擴音器呼叫，然而，入去的人仍聊聊可數。

　　老信徒的教會看見這種情況，覺得這不是辦法，大聲公又經常騷擾著詩班的歌聲，路人沒法聆聽得清楚。最後，老信徒教會派老信徒和幾位弟兄姊妹上前和那教會商討解決的方法，他們在門口的代表問老信徒們是誰，他們回答：「我們是附近教會的弟兄姊妹。」這位代表隨即回應了一個渺視的眼神，著他們叫主任牧師來傾談。當牧師來到時，他們又問牧師是甚麼教會，好像看不起老信徒的教會，牧師當然很不服氣，因為知道他們只是平信徒，於是也著他們叫他們的牧者出來傾談。當他們其中一位傳道人出來後，竟然二話不說，說不認識我們的教會，也不會和我們商討及合作。牧師當然很憤怒，認為不傾談也罷，於是大家各自憤而離開！然而，老信徒教會佔據地利，雖然那教會不停調高大聲公的音量，但牧師索性按

著申請，佔據著所有樓梯級，不讓那教會有少許的地方，成為他們場地的入口。

或許，老信徒的教會好像是得勝的一方，但事後回想，雙方都是輸家，當晚路過的失喪靈魂，可能就因此而失去得救的機會。

經文：從今以後，我不在世上，他們卻在世上；我往你那裏去。聖父啊，求祢因祢所賜給我的名保守他們，叫他們合而為一像我們一樣。(約 17:11)

默想：合一使信徒與信徒之間再沒有分別，也沒有區分和計較。合一不但是為信徒現在這個團契，也為信徒將來的團契。因著神的愛，神叫信徒合一，叫未信的人見到我們的合一，就可以相信主，也明白主的愛，而加入信徒的團契。耶穌祈求我們這個群體合一，我們到底為合一盡了多少神要我們盡的本分呢？

⑧ 曲江區「遲到席」

日期：2009 年 9 月 27 日　　　經文：尼希米記 13 章 16-19 節

　　老信徒自信主後，就守安息日，即每星期有一日會停下來，敬拜神。神叫以色列人守安息日，第七日休息，但神表明仍會賜福給他們，仍會繼續供給他們所需用的。老信徒明白，安息日讓人們有時間親近神，亦讓人們停下生活，學習以信心倚靠神生活。以色列人想在安息日工作，是因為他們對神的供應並沒有信心，以為停下來，就不能應付生活了。

　　老信徒看到 2009 年八月有一新聞，就是：廣東韶關市曲江區請來廣東省紀委相關官員，與全區各鎮及局以上單位正副職官員開會，講解反腐倡廉，即反貪污。為了防止與會官員出現遲到的現象，曲江區有關人員特在現場豎立兩塊「遲到席」的牌子，遲到的官員只能坐在「遲到專座」開會。

　　同時，當局還派出三名「會風監督員」在會堂來回巡視，監督與會人員是否有打瞌睡、傾電話、聊天等。會場門口也有一位監督員，如果有人中途離場，須登記姓名、職務、離開時間、原因等。有網民譏諷監管官員竟像監管小學生，但內地官員開會遲到、早退、打瞌睡等情況司空見慣，因為他們身在會議，心在場外。我們聽來覺得很可笑，其實，今日香港教會的聚會也有這等劣習和現象。

經文： 又有泰爾人住在耶路撒冷；他們把魚和各樣貨物運進來，在安息日賣給猶大人。我就斥責猶大的貴冑說：「你們怎麼行這惡事犯了安息日呢？從前你們列祖豈不是這樣行，以致我們神使一切災禍臨到我們和這城嗎？現在你們還犯安息日，使忿怒越發臨到以色列！」在安息日的前一日，耶路撒冷城門有黑影的時候，我就吩咐人將門關鎖，不過安息日不准開放。我又派我幾個僕人管理城門，免得有人在安息日擔甚麼擔子進城。（尼 13:16-19）

默想： 13:20 描述商人仍在耶路撒冷城外，為何？因為他們知道在安息日中，有些以色列人的心仍在他們和他們的商品那裡。今日，我們七日中休息一日，以守主日，雖然守主日的方式可能已經有所不同，但有一點不變，就是我們害怕將工作停下來，六日工作已變得不足夠，主日也想工作。因為停下來，我們就不知道生活會變得如何。甚至星期日沒有返公司，但我們的心可能仍在工作或進修中。今日，在崇拜中，有些弟兄姊妹的心，可能仍在耶路撒冷城外，沒有將這段時間分別為聖！我們要祈求神幫助我們，使我們將時間分別為聖，屬神的時間，就歸神。每個星期日，我們可以像小孩子般，一無牽掛地返回教會去敬拜神，過信心的生活。

⑨ 聚會的習慣

日期：2010 年 6 月 20 日　　　　經文：希伯來書 10 章 25 節

　　老信徒小時候，母親說：「睡眠要用被蓋著膊頭，不然就會冷倒」，有一次，他聽見別人說，人最容易冷親的，就是一對腳，所以睡覺時，就要用被褥蓋著腳，於是睡覺時，就改蓋著腳。到他長大後，參與一些營會時，他發現有人用被蓋著肚子，有人蓋著頭部，他們都說習慣了，不然就會冷倒。老信徒於是有一個疑問：「究竟不蓋著身體那些部位，才會被冷倒？」他一直找不出答案，不過，他發覺所有人都有自己的睡眠習慣，只要不依他們的習慣來蓋被，他們就感到不舒服。老信徒回想他有些行為，都是由習慣而來的，例如他睡眠是傾側睡，有些人卻是大字形睡的；他是傾左睡的，有些人卻是傾右的。這似乎沒有好與壞的分別，只是習慣。

　　人知道習慣的重要性，因此，父母從小就將一些好事，以習慣形式，叫我們遵行，人習慣了，會定時定候做，不會再分析，不會再問為何，我們會不會思考早晚刷牙是好事或是壞事，才去做呢？我們會不會找找書，了解中國人是否最好要用筷子吃飯，才去做呢？因為從小父母就教導這方面的好處，我們就習慣地依著做。希伯來書十章指出，某些人將停止聚會成了一種習慣，而忽略了信徒聚會的需要。

　　老信徒信主的時候，大部份團契的弟兄姊妹都是住在附近的公共屋邨，大家的家境並不富裕，晚上沒有太多娛樂，除了返教會，就會約埋一起在公園傾偈，久而久之，就成了習慣，那時沒有手提

電話，大家沒有約定，但一吃完飯，就會一起落樓傾談。由於大家都參與同一間教會，話題總離不開信仰，當老信徒遇見對信仰疑惑的時候，這段時間就顯得十分重要，弟兄姊妹的鼓勵讓他可以繼續信靠神！

經文：你們不可停止聚會，好像那些停止慣了的人，倒要彼此勸勉，既知道那日子臨近，就更當如此。(來10:25)

默想：聚會對當時的基督徒很重要，因為他們開始遭外邦人的仇視，因此團結而聚會能幫助他們面對這種逼迫。這節經文可譯為：「我們不可停止我們的聚會」，強調「聚會」是「我們的聚會」，強調每個人都要返聚會！

⑩ 傳道人的手指 [1]

日期：2010 年 6 月 20 日　　　　經文：希伯來書 10 章 23-24 節

老信徒對他的傳道人十分佩服。當那傳道人要離開教會，去別處事奉時，他忍不住問這傳道人：「怎樣才可以像你？」這傳道人就叫老信徒舉起一根手指，問老信徒：「你看見甚麼？」老信徒回答：「我的手指！」傳道人笑著說：「原來你只是看見你的手指，那麼我十分失敗！」

於是傳道人用另一根手指，引導老信徒，沿著原本手指指著的方向望過去，老信徒赫然發現自己指著的竟是牆上的十字架！傳道人說：「每個人只是一根手指，讓人透過他可以認識十字架！」傳道人再望一望自己的另一根手指，又說：「如果人的手指不能使人認識十字架，才需要用我的手指，叫每個人的手指可以發揮作用，引導人朝向十字架！」今日牧者的作用就是如此，如果你們還未能彰顯基督，神仍為你們安排很多牧者及弟兄姊妹與你們同行，只要你們回到最基本，每星期能準時回來聚會，你們必能相顧，必能堅守指望，必能看到信仰的真實！

> **經文：**也要堅守我們所承認的指望，不致搖動，因為那應許我們的是信實的。又要彼此相顧，激發愛心，勉勵行善。（來 10:23-24）
>
> **默想：**弟兄姊妹！你們是不是引向十字架的手指？

1　參冼日明、陳志輝、謝冠東：《管理新思維 3：中華智慧與現代管理》（香港：中華書局，2007），78-83。

三.
老信徒的信

① 神學生找工作

日期：2008 年 8 月 17 日　　　經文：馬太福音 15 章 24-28 節

　　老信徒認識一位神學生，名叫亞蘭，當她神學畢業後找工場的時候，有一間傳統的禮儀教會聘請她，但她希望能在一間較自由的教會 (Free Church) 去服侍年青人，所以她婉拒了。

　　過了兩三個月，老信徒再遇到她，她說她已經去了那間傳統的禮儀教會工作。老信徒好奇地問她：「為甚麼？」原來亞蘭畢業了幾個月，所有的申請都音訊全無，教會的資助又完結，房屋又要交租，又有老父要照顧，自己又要生活。雖然亞蘭為她的申請禱告，現實卻是多番被拒絕。她表示，傳道人也要生活，逼於無奈，為了生活，唯有去這間教會上班。

　　亞蘭學習被拒絕，也學習順服，雖然神現在的心意如此，但她仍耐心等待神未來的心意。

　　經文：耶穌說：「我奉差遣，不過是到以色列家迷失的羊那裡去。」那婦人來拜他，說：「主阿！幫助我。」祂回答說：「不好拿兒女的餅，丟給狗喫。」婦人說：「主阿！不錯，但是狗也喫他主人桌子上掉下來的碎渣兒。」耶穌說：「婦人，妳的信心是大的，照妳所要的，給你成全了吧！」從那時候，她女兒就好了。
　　（太 15:24-28）

默想：今日，我們向神祈禱，很多時都好像面對神的拒絕，除了是因為我們的罪或妄求外，也可能是神在試驗我們的信心，叫我們學習被拒絕時，仍可耐心等候，堅持禱告，看見神的心意。

② 如何向耶穌求

日期：2008 年 8 月 17 日　　　　經文：歌羅西書 4 章 2-4 節

多年前，有一個初中的年青人來到老信徒的教會，這年青人其後信了主，老信徒和他漸漸熟稔。

有一次信徒徒去探他，原來他和祖父和祖母住在公共房屋，老信徒發覺他家裡甚麼也沒有，只有一把在街拾回來的爛風扇，原來他的父親吸毒，母親在他小時候離開了他們，他自小沒有人理會，一個人去領取政府的公共援助金，拿到錢後，又擔心父親搶走，用來吸毒，便立刻將錢拿去繳交所有費用，然後買米。那年青人生活十分艱苦，十分痛恨他的父母。

於是老信徒鼓勵他向他父親傳福音，初時他表示做不到，老信徒勸他先為父親祈禱，他表示願意學習，過了一段時間，他父親願意跟他回教會，並決志相信了耶穌，雖然老信徒和年青人對他是否相信耶穌十分疑惑，但神總算為這年青人上了祈禱的一課。

其後，老信徒又叫他為母親祈禱，他表示更難，他除了痛恨母親外，由於母親在他小孩階段已離開，所以連她的樣子也記不起來，老信徒叫他大膽地求，於是他只好學習。

直到他升上大專，他的祈禱仍沒有甚麼回應，有一日，當他乘巴士的時候，由於沒有座位，他就企在司機旁邊，不期然和司機談起話來，他感到那司機有份莫名其妙的親切感，到最後，他發覺那

位司機竟就是他的母親，他們不但相認，其後他還向他母親傳福音，老信徒不知道後來的發展，但老信徒知道那年青人已經學會如何向耶穌求。

經文：你們要恆切禱告，在此儆醒感恩。也要為我們禱告，求神給我們開傳道的門，能以講基督的奧祕（我為此被捆鎖），叫我按著所該說的話，將這奧祕發明出來。（西 4:2-4）

默想：主容許我們受試驗，那麼必定是給我們配受，而又是我們受得起的。問題反而是：我們願不願意學習「信心的禱告」？今日，我們可能已經為家人禱告了許久，以為已經被主拒絕了，但我們是不是仍然懷著信心，一定要看見神在我們家人上的作為呢？

③ 牧師的見證

日期：2008 年 9 月 7 日　　　　　經文：希伯來書 6 章 3 節

　　老信徒認識一位神學院的老師，這老師自小家貧，沒有足夠的金錢讀書，但他十分進取，讀書又十分努力，讀完中學，得到一位親戚的資助，去了外國讀書，讀完大學，又繼續完成了博士學位。回到香港，下定決心要用所學的榮耀神，於是入了一間大學教書，經過多年的努力，晉昇為一個學系的系主任，前途無可限量，甚至假以時日，極可能擔上大學副校長等高職。

　　這時，老師他停下來思想及反省，審視自己的屬靈生命及事奉，看看這是不是神的心意？經過一段時間的禱告，他毅然放下高薪厚職，進入神學院任教，薪水裁了九成，而住的地方也由幾千呎，變為幾百呎。

　　不過，神十分祝福這位老師，除了祝福他的事奉，也祝福他的家庭。當他的兒子長大後，神也叫他讀書有很好的成績，並能夠進入外國很好的大學修讀。這位老師一心培養他，希望他的兒子可以成為醫生、律師或會計師，以致可以造福社會。

　　可是，當兒子讀緊大學的時候，他對父親說：「我畢業後，要做幼稚園老師。」對這位老師來說，可算是情天霹靂，做幼稚園老師不需要讀到博士，而且世人看這職業十分低下，沒有甚麼的前途，那位老師想：「做不成甚麼『師』，也應該做個牧師，總好過做位幼稚園老師。」但是，他的兒子很喜愛小朋友，也十分堅持自己的理想，因而兩父子經常為此而爭吵，以致有段很長的日子互不理睬。

老信徒每次與那老師見面，聽見他述說與兒子的事情的時候，便聲淚俱下。

可是，當這老師停下來反省的時候，他明白這是他套用了社會的價值觀，對某些職業產生偏見，最後，他明白神的心意，由反對而變成鼓勵，鼓勵他的兒子獻身在幼兒工作，事奉神。

他的兒子大學畢業後，教了一段時間幼稚園，跟著進入中國內地幫助當地的兒童，以生命影響生命，祝福了很多小朋友。今日，我們仍用自己的價值觀，去審視自己的職業，或是我們己經明白神在我們生命中的心意？

經文：神若許我們，我們必如此行（來 6:3）。

默想：毫無疑問，神一定渴望祂的兒女們在靈命上長進。主句的「必如此」，反映了神的心願，「必」字是未來時態的動詞，意思是我們：「要做的」，「願意做的」，也「一定做到」。「這事」指上文的「向著成熟的目標前進」，只要信徒明白神的心意，願意委身去成長，必在真理的路上臻於成熟，及在生活上有相應的表現。

④ 定睛看神

日期：2009 年 1 月 25 日　　　　經文：羅馬書 12 章 18-19 節

從該隱的故事中，老信徒也許學會了一個功課，就是該隱發怒，卻從沒有與神溝通；是神主動接觸該隱，該隱卻仍不理會。如果他能在發怒時，把握機會與神接觸，就不會釀成大錯，也不用談寬恕了。

我們許多時發怒，可能只是沒有與神溝通，而神向我們說話時，我們又不聽。

正如老信徒考車牌，當開緊車時，考官問他：「你是否同性戀，如果是，可否做我的愛人嗎？」老信徒立即發怒，忘記看著前面，..........。當然不合格。原來這是考試的一部份，是考官試試他有沒有分心，有沒有定睛在前面。

我們有沒有定睛在前面？即定睛在神當中。我們是否一發怒就分心？　弟兄姊妹，發怒時，有沒有向神祈禱，或看聖經，或問弟兄姊妹的意見，看看當中神的吩咐呢？

> **經文：**若是能行，總要盡力與眾人和睦。親愛的弟兄，不要自己伸冤，寧可讓步、聽憑主怒，因為經上記著：「主說：伸冤在我，我必報應。」（羅 12:18-19）
>
> **默想：**弟兄姊妹不要轉注於我們所認為對的東西，要定睛在神當中，就能解決一切發怒的問題。

⑤ 從天上掉下來的貓 [2]

日期：2010 年 1 月 22 日   經文：馬太福音 8 章 7-9 節

老信徒年少時，靠著父母親微薄的收入度日，家裡很貧窮。有一天，老信徒向他母親吵著說：「媽媽，幫我買一隻貓，好不好？我的朋友都有狗或貓，妳為甚麼不給我買貓呢？」但是，母親沒錢給她兒子買貓，心裡相當難過，就說：「兒子啊，我們向神禱告吧！祂一定會送給我們一隻貓。」於是，這對母子有著這盼望，也相信神會成就，他們就經常手牽手禱告，求神賜給他們一隻貓。

其實，老信徒十分疑惑：「神真會給我們貓嗎？」母親就說：「當然，神是無所不能的。一隻貓不算甚麼，只我們相信神會聽我們的禱告！」就這樣，這一對母子持續地禱告。

有一個陽光燦爛的日子，這對母子在屋外的公園裡。母親織著毛衣，兒子則在一旁玩耍。突然間，有一團黑黑的東西從天上掉下來。她們走過去一看，竟然是一隻貓！這件事情不久就傳開去。許多傳媒都報導這「從天上掉下來的貓」。

過了不久，有一位住在八百公尺之外大廈的鄰居來找這對母子，宣稱他是貓主人。他說，有一天，他養的貓爬上樹。他爬上去那棵樹，想把牠拉下來的時候，不小心把貓彈走，掉落在那公園裡。所以，他就是從天上掉下來的貓主人，他要把牠帶回去。但是，老信徒母子卻認為，這隻貓是神賜給她們的禮物，絕對不能讓他帶走。

2　改編自《第四度空間的靈性》中的一個故事，參趙鏞基：《第四度空間的靈性》，柳珍姬譯（台北：以斯拉出版有限公司，2007），114-5。

因此，他們就告上法庭，打起官司來了。法律專家慎重地調查。他們將那隻貓有放在那棵樹上，進行多次試驗，彈出那貓，無論如何結果只能把貓從那棵樹上彈走二十至三十公尺而已。最後，法庭的判決為：「這是神所賜的貓」！然而，過了一段時間，老信徒也將貓歸還給主人，他學懂領受神的恩典，卻不濫用神的恩典。

經文： 耶穌說：「我去醫治他。」百夫長回答說：「主啊，你到我舍下，我不敢當；只要你說一句話，我的僕人就必好了。因為我在人的權下，也有兵在我以下；對這個說『去！』他就去；對那個說『來！』他就來；對我的僕人說『你做這事！』他就去做。」（太 8:7-9）

默想： 耶穌說了話，百夫長的僕人就得到了醫治。但患病者不在現場，耶穌沒有和他接觸，耶穌是在有一段距離的另一處地方，醫治一個從沒有摸過或看見過的人，但事實上，耶穌真的有能力幫到他。今日，我們和耶穌在不同的地方，祂在天上，我們在地上，但我們也可以得著祂的幫助。

⑥ 培育兒子的故事

日期：2012 年 6 月 10 日　　　　經文：撒母耳記上 8 章 1-5 節

有一次，老信徒出席一個宴會，遇到一個長輩，是男性，老信徒的太太說他以前是位傳道人，而且十分熱心。老信徒在遠處望見他，作為晚輩，老信徒當然要走過來和他打招呼，他也望見老信徒，於是立即從麻雀檯上起來，叫在旁的一位年青人代替他，便向前迎上老信徒。於是，老信徒就順口向他說：「不阻你打麻雀嗎？」老信徒其實沒有甚麼合意，但他了一呆，然後回答說：「我從來不打麻雀！」可能他以為老信徒沒有看見他從麻雀檯上起來。跟著他們談了一會兒，老信徒見他很不耐煩，於是他便很自然地再說：「還是不阻你打麻雀！」老信徒其實只是隨口說，但他呆了一呆，然後再重申說：「我從來不打麻雀！」

不久，老信徒見他走回麻雀檯處，再次打起麻雀來，剛才代替他的，轉在旁邊站著，好像是他的兒子。老信徒心想，作為晚輩，他也有很多疑惑，他的兒子在旁見到這情況，是怎樣想的呢？這是否他的教庭教育！

經文：撒母耳年紀老邁，就立他兒子作以色列的士師。長子名叫約珥，次子名叫亞比亞；他們在別是巴作士師。他兒子不行他的道，貪圖財利，收受賄賂，屈枉正直。以色列的長老都聚集，來到拉瑪見撒母耳，對他說：

「你年紀老邁了，你兒子不行你的道。現在求你為我們立一個王治理我們，像列國一樣。」(撒上 8:1-5)。

默想：作為領袖，撒母耳應好好教導兒子，但經文沒有太多這方面的記載，顯然撒母耳在平時沒有盡他的本份。相信撒母耳可能也犯了這種毛病，他熱心事奉，卻忘記好好培育下一代。作為信徒，又作為父母親，經文提醒我們要重視下一代的管教，不論是和我們有血緣的下一代，或是我們一手栽培及牧養的教會信徒，我們要花時間去培育他們！

⑦ 小欣的故事

日期：2012 年 6 月 10 日　　　經文：撒母耳記上 16 章 4-5 節

　　老信徒在一間教會牧會的時候，遇過一位自少在教會長大的中五青少年，他沒有讀過名校，成績也不甚特出，也沒有甚麼非凡之處，不會惹起別人的注意，甚至父母也看不起他。有一年，他要到外國讀書，他的父母叫老信徒替他寫一封推薦信，推薦到一間學校入讀。當老信徒寫完信，交給他的父母後，他們竟問老信徒：「為何寫得他那麼好？」老信徒就問他們為甚麼覺得孩子不好，原來他們認為他們的孩子不甚特出。於是，老信徒就說：「環顧教會的信二代，只有他仍然返教會！不用父母督促，每一個星期都回來。那些被世人認為叻的孩子，早已沒有在教會中！你們看看誰在神的心目中是位好孩子？」

　　老信徒曾經聽過一位教會執事叫他的子女不要返教會，努力練音樂，準備表演。在香港，不少的信二代長大後，他們就不會跟從父母返教會。另一方面，今日，香港社會鼓勵資源增值，很多基督徒的家長不要求子女返教會，反將子女星期六和星期日的時間填滿了活動，叫他們返不到教會。

> **經文**：撒母耳就照耶和華的話去行。到了伯利恆，那城裏的長老都戰戰兢兢地出來迎接他，問他說：「你是為平安來的嗎？」他說：「為平安來的，我是給耶和華獻祭。

你們當自潔，來與我同吃祭肉。」撒母耳就使耶西和他眾子自潔，請他們來吃祭肉。(撒上 16:4-5)。

默想：猶太人家庭著重信仰的傳遞，當子女年幼時，無論他們信不信神，父母們都要求他們一同出席節期或某些聚會。當撒母耳邀請耶西，雖然他的家人沒有被邀請，但耶西大部份的兒子都出現，從這事反映耶西平時的教導！若現今的基督教父母在信仰方面有堅持，當子女年幼時，他們應該要求子女與他們一同返教會，出席聚會，讓他們從小學習真理！這段經文帶給我們父母親們一些反思？

⑧ 堅持信仰的父親

日期：2012 年 6 月 10 日　　　經文：撒母耳記上 16 章 11-13 節

　　有一次，老信徒去一處很偏僻的地方講道，叫崇山新村，真是一條鄉村。事前，他們的傳道人通知老信徒說：「在朗屏西鐵站坐小巴三十分鐘，跟著步行十五分鐘，才去到。」老信徒打開手機地圖，看見那村落距離西鐵站不遠，於是在朗屏站慢條斯理食早餐，教會十一時崇拜，在三十五分鐘前才出發乘坐小巴。在小巴上，他收到教會傳道人的電話，問他是否到了？那女傳道再次強調說：「乘搭小巴也要三十分鐘，落車還要步行十五分鐘！」於是，老信徒就開始擔心起來。果然，一下車，萬里無人，眼前全是草地和山路，他實在不懂得怎樣行，時間也已經剩下五分鐘了。幸好還有一對父子下車，於是他就問他們如何去那間教會，他們說他們也是去那間教會，老信徒才定了心神，跟隨他們一起跑起來。那父親雖然穿 T 恤和牛仔褲，但因為要抱著兒子，所以跑得還比老信徒慢。

　　他見老信徒穿著西裝，又滿頭大汗，就估到老信徒是講員，但他說：「不用這麼急，主席還未到！」原來他就是那主席。終於他們準時回到教會，在跑去教會期間，他們傾談起來，老信徒知道他在這條鄉村附近長大，後來搬到九龍很遠的地方。老信徒感到十分奇怪，為何他仍堅持返這間教會？他說他是在這間教會信主，他覺得神要他委身於這間教會，所以無論他搬到幾遠，他也堅持回來聚會，甚至要求兒子也要同來聚會，而且不可以遲到，雖然當日交通出現問題，但是他還是抱著兒子跑回來！相信他對屬靈生命的渴求正影響著他兒子的成長！你們想不想你們的兒子也是這樣？

經文：撒母耳對耶西說：「你的兒子都在這裏嗎？」他回答說：
「還有個小的，現在放羊。」撒母耳對耶西說：「你
打發人去叫他來；他若不來，我們必不坐席。」耶西
就打發人去叫了他來。他面色光紅，雙目清秀，容貌
俊美。耶和華說：「這就是他，你起來膏他。」撒母
耳就用角裏的膏油，在他諸兄中膏了他。從這日起，
耶和華的靈就大大感動大衛。撒母耳起身回拉瑪去了。
（撒上 16:11-13）。

默想：耶西說「還有個小的」，他沒有說出他的名字，也要
撒母耳出聲，才打發人去叫他來，可見他似乎未得父
親的喜愛或留意，被遺忘了。加上大衛可能沒有長處，
故此耶西只安排他放羊。不過，神沒有遺忘他。但是，
神看祂的兒女卻不同，揀選也不是用人的方式。從「耶
和華的靈就大大感動大衛」來看，大衛內在的質素是
他的屬靈生命可以盛載神的靈，因此，神看祂的兒女，
主要從靈性生命去看，看他願不願意盛載神，被神裝
備，去為神作工？這不是一朝一夕的事，是需要父母
從小好好教養他們。父母要用神的觀點，從靈性的角
度去看子女，讓他們從小行在神的道上。

⑨ 欠稅通知信

日期：2012 年 7 月 21 日　　　　經文：馬太福音 6 章 24-29 節

　　老信徒教會有一對年老的夫婦，一生做街邊小生意，養大一對兒女，雖然衣食尚可，不過家庭開支大，所以半生以來，都沒有甚麼積蓄，因此，經常為了生活的小事而憂慮。有一日，當他們在家看電視時，看到電視上稅務局提醒人報稅，若瞞稅，可能被重罰。他們突然想起多年來也從未報稅，就憂慮起來。

　　這時，門鈴響起，郵差在門縫裏塞進來一封「信」，信封上印著「追稅通知信」幾個大字和兩老的姓名及地址，並印有「你欠下一百萬稅款，現向你發出通緝令」的句子。一看見這些字，六十多歲的太太當場暈倒，丈夫也當場心口不舒服，郵差在門縫看見，立即打電話叫救護車。當救護人員到來時，他們發現，太太暈倒在地上，丈夫就呆坐在地上，手裏拿著「追稅通知信」。

　　救護人員帶來一看，信的前面真的寫著「你欠下一百萬稅款，現向你發出通緝令」，但將信轉向後面，就有另一句句子，就是「若你遇到這樣的情形，你可以找 xx 兄弟幫手」，原來是一家財務公司的廣告。兩人實在太為生活憂慮了，一看見廣告書，就支持不住了。

經文：一個人不能事奉兩個主；不是惡這個、愛那個，就是
　　　重這個、輕那個。你們不能又事奉神，又事奉瑪門。
　　　所以我告訴你們，不要為生命憂慮吃甚麼，喝甚麼；
　　　為身體憂慮穿甚麼。生命不勝於飲食嗎？身體不勝於
　　　衣裳嗎？你們看那天上的飛鳥，也不種，也不收，也
　　　不積蓄在倉裏，你們的天父尚且養活牠。你們不比飛
　　　鳥貴重得多嗎？你們哪一個能用思慮使壽數多加一刻
　　　呢？何必為衣裳憂慮呢？你想野地裏的百合花怎麼長
　　　起來；它也不勞苦，也不紡線。然而我告訴你們，就
　　　是所羅門極榮華的時候，他所穿戴的，還不如這花一
　　　朵呢！（太 6:24-29）

默想：對這些很快死亡的野生植物，神尚且愛惜，我們又何
　　　須為自己的物質供應而憂慮呢？今日，我們都認識了
　　　神，相信了神，並選擇了事奉神，我們應該對神的供
　　　應十分有信心，雖然仍會面對各種壓力及困難，但不
　　　要怕，不要憂慮，只有不信的人才憂慮，我們信神就
　　　不要憂慮，放下憂慮，好好地事奉神吧！

⑩ 鄰居的補丁衣服

日期：2015 年 6 月 7 日　　　　經文：申命記 28 章 9-11 節

　　老信徒的鄰居不信主，但他的母親卻是敬虔愛主，她每一晚都會為鄰居禱告。有一次，鄰居郊遊時遭遇了車禍，好在事故不大，他只是劃破了衣服，將撞壞的車送到維修廠後，他忽然想到，父母的家就在附近，他已經很久沒回家了。於是，鄰居回去住了一夜。第二天，臨走的時候，他母親為他禱告求平安，並遞上他的衣服，他發現母親已經把衣服上破損的地方縫好了。鄰居在香港尚算有些錢，所以那件衣服對他算不得甚麼，他想：回家後會把那衣服扔掉。然而，母親又為他祈禱：求神保守他生意亨通，身體健康。禱告後，他實在有些感動！

　　回家後，因他工作太忙，後來就把這件事忘了，他仍然穿著那件補過的衣服去上班、傾生意，那筆拖延許久的大生意終於傾妥了。忙到晚上，他看見身上所穿的破衣服，就脫下來，扔進垃圾桶了。第二天上午，他去為昨天傾成的生意正式簽字，對方問他：「你昨天穿的那件打補的破衣服今天怎麼沒穿？」他不好意思地說：「已換下來，洗了。」那客戶拍著他的肩膀說：「你可能不知道吧，這次我們願意與你簽約，都是因為你身上補過的破衣服！從這小小的補丁上，我們可以看出，你是一個艱苦樸素的人，無疑是最好的合作夥伴！」於是鄰居回到家後，立即從垃圾桶裡翻出那件補過的衣服。洗了，掛在不起眼的衣櫥角落，想將來可能會有用。

　　一星期後一日早上，鄰居剛要去上班，外面來了兩個警員。原來，上星期一個晚上，附近的另一個大富豪被綁架，還被撕了票，

警員很快補獲綁匪。那些綁匪被審時說，他們原本想綁架鄰居的，所以警員今天到來，提醒鄰居要留心。鄰居大吃了一驚，問警員：「那麼，為甚麼他們最後沒有綁架我呢？」警員回答說：「因為綁匪看到你掛著一件補過的衣服，推想你不像那麼有錢，因為有錢人不可能留下補過的衣服。」沒想到一件補過的衣服，竟然救了他的命，鄰居感慨萬千！回想起他母親的禱告，感到神保守的實在！

老信徒回想自己母親未信時，一到節日，都會燒衣，令房子煙霧迷漫，媽媽其實她甚麼都不信，不過，她都跟著其他人燒衣，問她是甚麼節日，她未必知道，不過，人燒，她就一定要跟著燒。原因是，拜神求福，她也想藉燒衣得福。然而，得福只有一個途徑，就是遵行神的話！

經文： 你若謹守耶和華 — 你神的誡命，遵行祂的道，祂必照著向你所起的誓立你作為自己的聖民。天下萬民見你歸在耶和華的名下，就要懼怕你。你在耶和華向你列祖起誓應許賜你的地上，祂必使你身所生的，牲畜所下的，地所產的，都綽綽有餘 (申 28:9-11)

默想： 聖民是神所選立的子民，不單指向以色列國，也指向整個信仰群體，包括我們。作為聖民，我們當然有責任要謹守遵行上主的一切誡命。而當我們遵守誡命，神會有責任保守我們，賜福給我們。於是，其他非信徒會明白及懼怕，因為我們是神的子民。

四．
老信徒的望

① 孩子要的東西

日期：2008 年 3 月 1 日　　　　經文：尼希米記 1 章 4-7 節

　　有一晚，老信徒從地鐵步行回家，路程約 10-15 分鐘，從地鐵站開始，他看見一個中年男士抱著一個兩歲的小孩，與他同一個方向步行前進，期間，小孩不停地哭泣，說：「要嗎咪！要媽咪！」父親雖然不停安撫他，但他仍然哭過不停，而且放聲地哭，甚至有時喘不到氣。行過了十多分鐘，小孩仍沒有停止哭泣，而且越來越大聲，父親用盡辦法，也不能制止。突然間，老信徒聽不到小孩的哭聲，他好奇地回頭一望，原來父親拿出了一個電話，撥了通訊給孩子的母親，又遞給孩子聽，當孩子聽見母親的聲音，就停下來了。

　　這就如尼希米聽見弟兄哈拿的幾句話，他看見群體的需要，就當機立斷、行動迅速地，立即就在尼 1:4 中，開始了「火箭般的禱告」。禱告先指向神，尊崇神「慈愛」的屬性和神的約，神是「守約施慈愛」的神， 因為尼希米明白神的拯救就源於神的愛和約，只要人悔改回轉，神必定守約，拯救以色列人。於是尼希米就為他的群體認罪並祈求。今日，如果我們要使教會復興，我們一定要付出代價，這個代價就是禱告、認罪、代求。

> **經文：**我聽見這話，就坐下哭泣，悲哀幾日，在天上的神面前禁食祈禱，說：「耶和華─天上的神，大而可畏的神啊，祢向愛你、守你誡命的人守約施慈愛。願祢睜眼看，側耳聽，祢僕人晝夜在祢面前為祢眾僕人以色

列民的祈禱，承認我們以色列人向祢所犯的罪；我與我父家都有罪了。我們向祢所行的甚是邪惡，沒有遵守祢藉著僕人摩西所吩咐的誡命、律例、典章。」(尼 1:4-7)

默想： 教會復興，許多時由祈禱開始。弟兄姊妹，面對教會的需要，大家有沒有為教會禱告。我們或許在教會十分積極，參與很多事奉，但尼希米記指出，禱告比任何行動，任何事工更重要。讓我們努力為教會的需要代禱，也努力參加教會的祈禱會吧！

② 時間禮物

日期：2009 年 5 月 9 日　　　　經文：約伯記 14 章 5 節

　　老信徒曾經修讀經濟學，經濟學有說人類的時間是「借來時間在借來空間」(A borrowed time in a borrow place)。老信徒明白時間是神給予人的禮物。

　　記不記得馬太福音 25 章所說的三個僕人的比喻？主人分別給他們一千、二千和五千銀子，想像如果有一日，主人再向他們說：「每日我給你 86,400，可是每天的銀子的餘額都不能留到明天！」每一日完了，主人就會收回，這種情況下，你估僕人會怎麼做？當然，每天不留分文地用清是最佳選擇，第一個僕人就選擇了這樣做。第二個僕人就用得更有意義一點，他不會胡亂地花，他用剩就和別人分享。第三個僕人就更醒目，他不會用剩才和別人分享，他會先和人分享，而且也首先和主人分享，以致將來主人也會記得他。

　　其實我們每個人每天都有這樣的一個禮物，她的名字就是「時間」。每天早上神總會為你在帳戶裡自動存入 86,400 秒；一到晚上，她也會自動地把你當日虛擲掉的光陰全數註銷，沒有分秒可以結轉到明天，你們也不能提前預支片刻。如果你沒能適當使用這些時間存款，損失掉的只有你們自己承擔。沒有回頭重來，也不能預提明天，你應該善加投資運用，以換取最大的健康、快樂與成功。不但每天有限，而且每個人的人生也有限，人類會面對死亡，因此每個人的時間也有限。每個人由出生至死亡，就是他們可以使用的時間，如果你不用它，它也不會停留。

老信徒教會的一個組長，他表示他人生的目標是做一個好組長，可是他很喜歡「養魚」，養魚是他的嗜好。所以他每星期的時間編排如下

	日	一	二	三	四	五	六
上午	崇拜	工作	工作	工作	工作	工作	工作
中午	娛樂	工作	工作	工作	工作	工作	養魚
晚上	娛樂 養魚	養魚 電視	夜校 功課	養魚 電視	夜校 功課	養魚 電視	養魚 小組

他的時間表有甚麼問題？明顯地，他口裡說目標是做好組長，撇開固定的工作時間，他每星期將最多可用的時間花在養魚，他的編排全然與他人生目標脫節，他不明白：「時間的編排比重也代表了我們人生的方向」，有人縱然說沒有人生方向，但時間的運用也就代表他人生的取向，有人用最多可用的時間打機，他人生的目標就是打機；有人用最多可用的時間賺錢，他人生的目標就是賺錢；老信徒的姊姊每日用一小時洗澡，當她退休後，早上做完運動，就洗澡；中午出街食飯或行街，跟著回家又洗澡；晚上臨睡前，又洗澡，她人生的目標就是洗澡。

聖經說我們強壯可以活到七十至八十歲，不過，我們也可能只能活多一日、一小時，我們不能掌握我們的死亡和年歲。因此，老信徒認為每個人「老或不老」，不是由年齡決定，往往是由幾時死亡去決定，早死就早些到晚年，如果一個人只是活到十八歲，十八歲就是他的晚年。因此，人不能掌握自己的年日，卻要把握光陰去事奉神！

經文：人的日子既然限定，他的月數在祢那裏，祢也派定他的界限，使他不能越過，(伯 14:5)

默想：聖經提及時間的特質，就是：人生的時間是不會停留，是有限的，因此，我們要善用我們的時間，過有盼望的人生。時間代表著我們人生方向，如果我們是相信並委身於神的人，那麼，我們應該將最多時間放在信仰的尋求當中。

③ 死期計算大法

日期：2009 年 5 月 9 日　　　　經文：詩篇 90 篇 10-12 節

　　有一天，老信徒看到一則新聞，內容是，美國科學家帕爾博士，研究出一個「死期計算大法」，男性由 86 歲起計算，女性以 89 歲起，然後按下列他們的經歷而減低壽數：

1.　已為人夫 / 人妻：男人增壽 3 年；女人無影響

2.　長期受壓：減壽 3 年

3.　無親無故：減壽半年

4.　睡眠少於 6 小：減壽 1 年

5.　長時間加班工作：減壽 1 年

6.　憂鬱年老體弱多病：減壽 1 年

7.　日吸十支煙：減壽 5 年；如果是每日吸 40 支雪茄，減壽 15 年

8.　每日進食紅肉：減壽 3 年

9.　每日喝茶：增壽半年；但每日飲咖啡，減壽半年

10.　每日跟 3 杯啤酒 /3 杯烈酒 /4 杯餐酒：減壽 7 年

11.　不用牙線：減壽 1 年

12.　不使用防曬或曬太陽燈：減壽 1 年

13.　癡肥：減壽 5 年

14.　經常食垃圾食物：減壽 2 年

15. 食不健康零食：減壽 1 年

16. 每日食過多糖果：減壽 1 年

17. 不做運動：減壽 1 年；日做最少 30 分鐘運動，則
　　增壽 5 年

18. 每兩日不能排洩一次：減壽半年

19. 癌症檢查：增壽 1 年

20. 血壓處於中高位置：減壽 1 年；高血壓，減壽 5 年；
　　血壓嚴重超標，減 15 年；高膽固醇，減壽 2 年

　　上述只是增減壽數的部份標準，按這個計算列表，老信徒粗略計算，依上述第 2, 4, 5, 8, 9, 11, 12, 14, 15, 17 項，已經合共扣減了 14.5 年，加埋其他，相信他應該已經安息主懷了。

經文：我們一生的年日是七十歲，若是強壯可到八十歲；但其中所矜誇的不過是勞苦愁煩，轉眼成空，我們便如飛而去。誰曉得祢怒氣的權勢？誰按著祢該受的敬畏曉得祢的忿怒呢？求祢指教我們怎樣數算自己的日子，好叫我們得著智慧的心。（詩 90:10-12）

默想：基督徒信主前和信主後，對時間的觀念總有不同；而運用時間的方法也有不同。如果我們只從我們的眼光去看時間，那麼，我們只會胡亂運用時間：看電視、打機等等。如果，我們可以回到聖經去看看聖經是如何看「時間」，然後從中學習如何運用時間，相信我們的每分每秒也過得特別有意義！

④ 最後的晚餐

日期：2009 年 5 月 9 日　　　　經文：以弗所書 5 章 15-17 節

　　老信徒去看一個畫展，看到名畫「最後的晚餐」，這大型壁畫是在文藝復興時期由李奧納多・達文西於米蘭的聖瑪利亞感恩修道院的食堂牆壁上繪成，1980 年被列為世界文化遺產。當他觀看時，就想起有關這幅名畫的一個故事。

　　據說達文西創作此畫時，有一個小插曲，這壁畫取材自聖經馬太福音第 26 章，描繪耶穌在遭羅馬兵逮捕的前夕和十二門徒共進最後一餐時的情境，因此當達文西畫的時候，計劃按已有的資料，佈置了當中的場景，並找十三個人去扮演當中的人物 -- 耶穌和十二門徒，然後依實際的人像和素材繪畫。用了不多的時間，就預備了所有，也找到了十一個門徒，但兩位最重要的主角 -- 耶穌和猶太，卻找不到，因為兩者的性格十分極端，耶穌的神性和猶大的奸炸和陰沈是很找的。好不容易達文西找到了一個正氣不凡、正直、公義及慈愛的人，可以扮耶穌的人，為免延誤，他決定畫好了其他，然後漏空了一個位置於給猶大，當他完成了作品後，他就繼續去尋找可扮演猶大的人。

　　幾十年之後的一日，他終於遇上了可扮演猶大的人，他在一個小巷的角落，碰到一個瑟縮街頭的流浪漢，他外表落泊、奸炸、陰沈、狡猾，他立刻邀請他，由於他付上豐厚的酬勞，流浪漢也就立即答允，一幅偉大的壁畫就這樣完成，完成後，達文西也有興趣知道流浪漢怎麼會變成這樣，於是他嘗試與他傾談，這時他才猛然發現，流浪漢正是幾十年前扮演耶穌的那一個人。

經文：你們要謹慎行事，不要像愚昧人，當像智慧人。要愛惜光陰，因為現今的世代邪惡。不要作糊塗人，要明白主的旨意如何。（弗 5:15-17）

默想：同一個人，但由於他虛渡光陰，以致他由耶穌變為落泊的猶大。今日你們想善用光陰成為耶穌，或是浪費光陰成為猶大呢？那麼，你們就要明白主在你們生命中的旨意，過一個有盼望人生的生活。

⑤ 中一過海

日期：2009 年 5 月 30 日　　　　經文：出埃及記 14 章 15-18 節

　　老信徒住新界西，記得中一那年，老信徒學校在香港島政府大球場舉行陸運會，由於老信徒家境比較貧窮，每個早晨他母親只會給予他剛剛足夠的交通費，他遇見這些特別活動，總會計算好金額，然後取得足夠的金錢，就出發。那些年，過海是一件殊不容易的事，雖然有地鐵，不過沒有過海那一段，隧道巴士又昂貴。於是老信徒選了最平又最短的路線，就是乘車去佐敦道，然後搭渡海小輪去灣仔碼頭，最後步行上大球場。

　　計算尚算準確。不過，當老信徒一去到佐敦道，就遇上第一災，就是搭錯了渡海小輪，去了中環碼頭，本來還可以轉電車到大球場。但又遇上第二災，就是：計錯了數，如果乘了電車，就有足夠金錢回家，於是就由中環步行去跑馬地政府大球場。跟著又碰到另一災出現，那時的路沒有清晰的指示，老信徒又不認識港島區的道路，行行下又要問人，問人又被人點錯相反方向，行了近一個小時才到。你們說：過海容不容易？

　　2004 年有一套港產片，名叫「墨斗先生」，由雷宇揚編導，就是說過海的。[3]

　　故事說麥竇（陳小春飾演）先生是一家證券行的高級經理，年青有為的他恃才傲物。有一天，麥竇如常離開何文田回中環上班。一名陌生男子走上前向他討二十元乘車返工，麥竇頭也不回地拒絕

3　維基百科：〈墨斗先生〉，https://zh.wikipedia.org/wiki/ 墨斗先生 (29/11/2021)。

了，繼而噩運接踵而來。首先老闆把他辭退了，麥寶立即致電給另一間公司高層 Bey 告知他有意轉投，Bey 著麥寶當天五時前一定要過海到他九龍的公司簽約。

　　過海本來非常簡單，但麥寶隨即被人洗劫一番，他想找個方法好好過海，花了多小時求救無門。他去補領身份證，但太長人龍，取不到籌。他去過銀行，想提款，但又遇到只想銷售產品的銀行經理，而且沒有身份證，取不到錢。於是他找前女友、家姐和其他親人，才發覺自己是如此吃人僧。之後，他遇見愈幫愈忙的警察、精神分裂的小偷 、公司的眼中釘、面惡心精的巴士司機和影視店無情的老闆等，但無人可以給他過海的二十塊錢。他走投無路，甚至他去捐精，或偷乞丐的錢，都不成功過海，只能在灣仔街頭四圍走，片中不停提出一條問題：由香港過九龍真的這麼難？香港與九龍一海之隔，望都望到。最後麥寶跳下海中，想游泳過海，卻被警察拉上來，落得被拘捕收場 ……… 這一天，改變了他的人生。

　　當你們認為過海很容易，不過片中提出，當你身無分文，不好意思，不能過海！就連你最親的人，也可能不關心你！

> 經文：耶和華對摩西說：「你為甚麼向我哀求呢？你吩咐以色列人往前走。你舉手向海伸杖，把水分開。以色列人要下海中走乾地。我要使埃及人的心剛硬，他們就跟著下去。我要在法老和他的全軍、車輛、馬兵上得榮耀。我在法老和他的車輛、馬兵上得榮耀的時候，埃及人就知道我是耶和華了。」(出 14:15-18)

默想： 以色列被埃及王壓迫，出埃及，由於法老軍隊追來，
他們不可轉回，必須向前行，「過紅海」。這在我們
今日的人生，也是十分普遍。當我們遇見困境時，沒
有出路，迷失了方向，甚至面對很多壓迫。那麼，我
們就只有過紅海，過紅海就代表戰勝壓迫，重建人生
的方向。不要以為過海這麼容易！我們可能面對很多
壓力，但我們可以倚靠神去「過紅海」，除去壓力及
困境，使到我們人生有一個新的方向，是光明的！美
好的！你們願不願意這樣呢？

⑥ 美人魚的歌聲

日期：2009 年 8 月 9 日　　　　經文：約翰福音 17 章 14-17 節

　　老信徒聽到有一個古代希臘的神話，說到在地中海某一個小島上，有一條美人魚住在那裏，它很會唱歌，每逢有船隻經過，她就歌唱，叫聽到的人受了迷惑，就失去清醒的理智，於是許多人因此翻船喪命。由於很多船員都知道此事，於是他們經過此處時，都會用東西把耳朵塞住，免被歌聲迷惑。後來，有一艘船隻將會經過這裏，碰巧船上有一個人，非常懂得彈琴，一上船後，他就拿起琴來彈奏，船上的人聽到入了神，都為彈琴之聲所吸引，將注意力集中在這人的琴音之上，不經不覺，他們已順利渡過美人魚的小島。他們好像完全聽不到美人魚迷惑人的歌聲，全船人遂平安到達目的地。

　　船上的人怎樣得到平安？他們不能抗拒美人魚的歌聲，但是他們被更美妙的琴聲吸引，就能勝過。弟兄姊妹們！信徒擁有的，是更美好的價值觀，可勝過世界上的引誘。

> **經文：**我已將祢的道賜給他們。世界又恨他們；因為他們不屬世界，正如我不屬世界一樣。我不求祢叫他們離開世界，只求祢保守他們脫離那惡者。他們不屬世界，正如我不屬世界一樣。求祢用真理使他們成聖；祢的道就是真理。(約 17:14-17)

默想：約 17:14-16 重覆了 4 次「不屬世界」，主為我們禱告，要我們不屬世界，脫離那惡者。弟兄姊妹們！我們雖在世界中生活，不可離開世界，可是，這世界是與主為敵，我們卻不屬於這世界，我們是屬主的。信徒與非信徒同樣在這世界中，但真理就讓我們有不同的價值觀，讓我們可以被分別出來。

⑦ 人的限制

日期：2011 年 8 月 27 日　　　　經文：路加福音 19 章 2-4 節

　　有一次，老信徒參與教會祈禱會，聽到一位初信的姊妹提出一項代禱事項，求神保佑他的兒子在英文、數學、歷史和地理考試，都考到一個好成績，她在旁兒子就提醒她：「還有一科中文？」她輕聲地向他說：「留待明天去黃大仙廟再求！」兒子抓抓頭，好像不明白「點解」，於是那位姊妹就解釋給她的兒子聽：「耶穌不懂得中文！」這位姊妹有個人理解上的限制，她對耶穌有誤解，限制了她對耶穌的親近。

　　聖經中，撒該也有極大的個人限制，但撒該沒有讓他個人的限制限制他。撒該顯出無比的信心，不管遇見任何困難，他決定要見一見耶穌。他知道耶穌將會從那裡經過，於是他爬上桑樹等他經過。

經文：有一個人名叫撒該，作稅吏長，是個財主。他要看看耶穌是怎樣的人，只因人多，他的身材又矮，所以看不見。於是他跑到前頭，爬上桑樹，要看耶穌，因為耶穌要從那裏經過。（路 19:2-4）

默想：今日，我們在香港這個地方生活，相信大部份人聽過耶穌，也想接近耶穌，但總有一些個人的限制及阻撓，例如：學業、家人和事業等，我們要有撒該的決心，來克服這些個人的限制。

⑧ 老牧者和殺人犯 [4]

日期：2012 年 7 月 21 日　　　　經文：馬太福音 6 章 33-34 節

　　老信徒教會有一名失明、已退休的老牧者，他兼任電台的主持，每日均有很多有關信仰的詢問信或求助信，由於數量太多，他經常找一些義工幫手讀信及回覆信件。後來，他透過監獄事工的同工介紹，找了一位原本被判無期徒刑的殺人犯幫手，那殺人犯可以得到假釋服刑，自然樂意成為那老牧者看信、讀信及回信的幫手。

　　初時那殺人犯敷衍的讀信、回信，甚至偷偷地丟棄來信，當來信越來越少，甚至是沒有任何信件。老牧者頓失依靠，因為「信件」是老牧者賴以為生的「柴火」。當人們不再寫信給他，他陷於失落與崩潰！原來他需要信來顯示他的價值，他開始憂慮，甚至他為明天憂慮，當他經常失驚無神地、光著腳地推開門，走出家園，踏於泥濘濕地中，就是因為他聽到久違的郵差送信的聲音，老牧者由受助者，頓變成最需要被幫助的人。

　　老牧者失去生命力而成日昏睡，反倒喚起那殺人犯助手的「愛」。生命就變成「吊詭」劇場。受助者反變成助人者。那殺人犯在老牧者精神崩潰的時候，及時伸出援手，主動泡茶、主動收信、讀信和回信，其實全是假裝的，假裝收信、假裝讀信、假裝回信，叫老牧者重拾盼望。殺人犯傳遞了神的愛，讓雙方再次體驗諒解與寬恕，「神愛世人」再不是虛無縹緲，神的國再次顯現在當下。

4　改編自芬蘭電影〈給雅各神父的信〉(Letters to Father Jacob)(2010)，http://movie.kingnet.com.tw/movie_critic/index.html?r=6165&c=BA0004 (02/03/2012)

經文：你們要先求祂的國和祂的義，這些東西都要加給你們了。所以，不要為明天憂慮，因為明天自有明天的憂慮；一天的難處一天當就夠了。(太 6:33-34)

默想：猶太人有一句格言說：「我們只擔當一天的生活，完成每一件等待完成的工作。」沒有人會知道將來。我們不應為那未知的將來和可能決不會發生的事憂慮。今世生活中所需要的，有些在來世是沒有用。主耶穌要我們活在當下，努力於神的國和神的義，為永生而努力，其他就交託。讓我們可以被呼召進入一種沒有憂慮的生活及事奉，藉信而活，活在當下，努力去事奉祂。今日，我們身邊有很多老牧者，只要我們肯先求神的國和神的義，神會使用我們幫助有需要的人。

⑨ 老信徒與乞丐 [5]

日期：2012 年 7 月 21 日　　　　經文：馬太福音 6 章 30-32 節

　　有一天，老信徒遇見一位乞丐，老信徒隨口祝福他說：「朋友，願神給你一個好日子。」乞丐回答說：「感謝神，我從沒有過不好的日子。」老信徒以為乞丐不領受他的祝福，於是再說：「朋友，願神給你一個快樂的生活。」乞丐回答說：「我感謝神，我從沒有不快樂。」老信徒很希奇的問道：「你這話是甚麼意思呢？」乞丐說：「我感謝神叫我現今每一日都過得開心。天晴，我感謝神；下雨，我感謝神；飽足，我感謝神；飢餓我感謝神。因為神的意思，就是我的意思；我並沒有甚麼不快樂，為甚麼要說我不快樂呢？」老信徒驚異地望D這個人問道：「你是誰？」乞丐說：「我就是天國君王的兒子。」

> **經文**：你們這小信的人哪！野地裏的草今天還在，明天就丟在爐裏，神還給它這樣的妝飾，何況你們呢！所以，不要憂慮說，吃甚麼？喝甚麼？穿甚麼？這都是外邦人所求的。你們需用的這一切東西，你們的天父是知道的。(太 6:30-32)

5　改編自德國人陶勒爾與乞丐，https://www.ccbiblestudy.org/New%20Testament/40Matt/40IT06.htm (29/11/2021)。

默想：外邦人不認識神，不知道有天父，不相信神，所以他們沒法除去憂慮，也無法剷除物質主義。於是對物質需要最為關心。我們是神國的子民，努力為主而活，任何憂慮就代表我們的不信和不願意跟隨。所以「不要憂慮」，今日為祂而活，這就是耶穌的命令，也是解決憂慮，通向平安與能力的途徑。

⑩ 傳道人孩子的起名

日期：2013 年 1 月 29 日　　經文：創世記 29 章 32-35；30 章 18-21 節

　　老信徒認識一對傳道人，他們生了孩子，老信徒便去他們家裡探望他們。由於孩子還未滿一個月，當然還未登記名字，於是他坐下後，就問他們：「孩子叫甚麼名字？」霎時間，他和太太同時說出不同的名字，於是他再問那個才是最後的選擇？那時，做丈夫立即從座位上站起來，說：「我是她父親，當然由我改名啦！」（不知老信徒離開後，會不會引起他們的家庭紛爭？）這方面，以色列人的傳統和中國人的傳統是一樣，孩子通常由父親改名，不是由母親改名。

　　然而老信徒留意到，聖經中，雅各與正室利亞所生的兒女，不是由雅各改名，是由利亞起名。利亞在婚姻中的失寵，可能她所生的，雅各也懶得理，但利亞為她兒女起的名字倒很有意思，代表她自己的心志。

姓名	意思
(1) 流便	有兒子（神賜兒子）
(2) 西緬	聽見（神聽見）
(3) 利未	聯合（與丈夫聯合）
(4) 猶大	讚美（讚美神）
(5) 以薩迦	價值（神給她價值）
(6) 西布倫	同住（神使丈夫必與她同住）
(7) 底拿	判斷了

經文：利亞懷孕生子，就給他起名叫呂便，因而說：「耶和華看見我的苦情，如今我的丈夫必愛我。」她又懷孕生子，就說：「耶和華因為聽見我失寵，所以又賜給我這個兒子」，於是給他起名叫西緬。她又懷孕生子，起名叫利未，說：「我給丈夫生了三個兒子，他必與我聯合。」她又懷孕生子，說：「這回我要讚美耶和華」，因此給他起名叫猶大。這才停了生育。(創 29:32-35)

利亞說：「神給了我價值，因為我把使女給了我丈夫」，於是給他起名叫以薩迦。利亞又懷孕，給雅各生了第六個兒子。利亞說：「神賜我厚賞；我丈夫必與我同住，因我給他生了六個兒子」，於是給他起名西布倫。後來又生了一個女兒，給她起名叫底拿。(創 30:18-21)

默想：從利亞的遭遇來說，她應該很難說得讚美的字句。然而，從她兒女的名字，可見她信神、靠神、愛神。這是聖經第一次出現「讚美神」的字句和名字。「猶大」，這「讚美」就成了以色列人日後拯救的源頭。今日，作為信徒，最要緊的是，無論在任何環境，都要有一顆像利亞一般愛神的心，可以讚美神。

五．
老信徒的愛

① 榴槤的愛情

日期：2009 年 9 月 26 日　　　　經文：創世記 2 章 24-25 節

　　老信徒公司有一位男同事，很喜歡吃榴槤，每天午飯，他除了帶他自備的飯盒外，也帶備一盒已剝好的榴槤。所以，每次午飯時間，他的同事和老信徒都會因此彈開，有一次，老信徒無意中發現，他吃榴槤的時候，好像很痛苦似的，故此特別留意他，多天後也是如此，於是老信徒就忍不住，也忍著那陣味兒，走過去問他：「人人說你愛吃榴槤，但你為甚麼每次吃的時候，總顯得痛苦不堪，像受罪般似的？」於是那同事說出了他的故事。

　　原來他是不愛吃榴槤。不過，當他出來工作時，在第一份工，遇上了一位女同事，他一見就喜歡了她，這位女同事很多人追求，雖然這位男同事有意，但苦無機會，而且這位男同事又平凡和害羞，並不吸引到這位女子，更沒有埋身傾談的機會。有一次，在午飯時間，女同事除了帶她自備的飯盒外，也帶備一盒已剝好的榴槤，這樣，所有男同事立即從這女同事的位置彈開，並多多說話，因著其他人的言行，她覺得很不開心。於是，男同事把握那次機會，鼓起勇氣過去和她傾談。但男同事太害羞，過去只是說了：「吃飯呀！」氣氛十分沈悶，大家沒有甚麼話題，男同學惟有問她：「妳喜歡吃榴槤？」女同事苦笑地回答說：「是呀！你愛不愛吃榴槤？你怕不怕這種榴槤的味道？」男同事忍著那陣味兒，當然說「不怕」，女同事連忙將所有榴槤遞上來，男同事硬著頭皮，二話不說，將所有榴槤吃光。此後，每一天，女同事必準備一盒榴槤給男同事，也必要他吃光。如此這般，他們開始了話題，也愈談愈投契。並且往後

開始了他們的約會。最後，女同事成了男同事的太太。男同事最後說道：「其實我很討厭吃榴槤，又臭又苦，第一次我所說的只是隨便說說的，之後，很想和她解釋，但每次看見她幫我做榴槤的樣子，我總不忍心說出來，也沒有勇氣開口 …… 很多次我都想不吃那些榴槤，但想到那些榴槤是她為我做的，為了她，我願意一輩子吃榴槤。」他最後加上一句：「因為我愛她」。老信徒於是恍然大悟。

有一日，男同事邀請老信徒到他家中，男同事說她太太煮餸很好，於是老信徒趁男同事在廳中聚精會神看電視時，偷偷地走入廚房向他太太偷師。當他入到廚房，正正見到他太太切緊榴槤，她的表情就像是她丈夫吃榴槤時的樣子，好像很痛苦似的，老信徒留意很久，見他太太一直如此，於是老信徒就忍不住，也忍著那陣味兒，走過去問她：「你先生說你愛吃榴槤，但你為甚麼切榴槤的時候，顯得痛苦不堪，像受罪般似的。」於是男同事的太太說出了她的故事。

原來她也是不愛吃榴槤，不過當她出來工作，在做第一份工時，有一天，她母親無意將她姊姊的榴槤放錯了落她的飯盒旁，當她打開，苦無對策時，男同事竟然走過來為她解圍，吃盡了所有榴槤，於是對他有了好感，並知道男同事很喜歡吃榴槤，所以自此後，女同事在準備午飯飯盒時，也必定為他準備一盒已剝好的榴槤，男同事的太太最後說道：「其實我很討厭切榴槤，又臭又苦，第一次我所說的只是隨便說說的，之後，很想和他解釋，但每次看見他吃榴槤的樣子，我總不忍心說出來，也沒有勇氣開口 …… 很多次我都想不做那些榴槤，但想到那些榴槤是為他做的，為了他，我願意一輩子做榴槤給他吃。」她最後也加上一句：「因為我愛他」。

　　這段說話老信徒似曾相識。最後老信徒決定默言不語，容讓這段「榴槤的愛情」繼續下去。因為他們的愛情是「無法用言話來表達，是以生命來見證的。」

> **經文：**因此，人要離開父母，與妻子連合，二人成為一體。當時夫妻二人赤身露體，並不羞恥。(創 2:24-25)
>
> **默想：**作為信徒，無論情侶或夫妻皆必須知道，愛和順服的關係，兩者不是可以分割的，也不可以獨立來看，而且愛是犧牲的愛，要愛對方如同愛自己的身體一樣。

② 髮夾及錶帶 [6]

日期：2009 年 9 月 26 日   經文：創世記 2 章 18-23 節

　　老信徒與他的妻子是一對很貧窮、卻又很恩愛的夫妻。他十分愛妻子，妻子有一把長長的秀髮，每一個早上起床，丈夫都會替妻子梳頭，然後妻子為他戴上最深愛的手錶才返工。

　　有一日，老信徒深感多年來，妻子也沒有一個似樣的髮夾，放工後，便去買一個給她。回到家中，駭然見到妻子已經沒有了一把長長的秀髮，他便去問妻子發生了何事？原來當時的人，只要頭髮秀麗，把頭髮出售，可以賣得很好的價錢，妻子因為覺得老信徒最心愛手錶的錶帶太過殘舊，於是賣了秀髮，去換取一條錶帶。當妻子解釋完，老信徒沒有怪責她，反覺得十分欣慰。

　　正當妻子準備為老信徒換上那條錶帶，亦發現老信徒手上的錶沒有了。老信徒表示，為了買那隻髮夾，他已變賣了他的手錶。從此，每朝早丈夫就為妻子的短髮掛上了為長髮而設的髮夾，妻子就為丈夫戴上沒有錶的錶帶。愛就是這樣，為對方，連自己最重要、最心愛的東西也可以放棄。

6　改編自梁錦華：〈敬拜主日〉，《恩霖堂主日講章》(5/3/2006)。

經文：耶和華神說：「那人獨居不好，我要為他造一個配偶幫助他。」耶和華神用土所造成的野地各樣走獸和空中各樣飛鳥都帶到那人面前，看他叫甚麼。那人怎樣叫各樣的活物，那就是牠的名字。那人便給一切牲畜和空中飛鳥、野地走獸都起了名；只是那人沒有遇見配偶幫助他。耶和華神使他沉睡，他就睡了；於是取下他的一條肋骨，又把肉合起來。耶和華神就用那人身上所取的肋骨造成一個女人，領她到那人跟前。那人說：「這是我骨中的骨，肉中的肉，可以稱她為『女人』，因為她是從「男人」身上取出來的。」(創 2:18-23)

默想：這段創造的經文反映神對男女愛情的心意，叫男女雙方都必須明白「愛」，在愛中，學習及活出神的心意。

③ **慾望的謊容** [7]

日期：2011 年 12 月 17 日　　　經文：創世記 2 章 18 節

　　老信徒附近最近搬來了兩個鄰居，一戶是男的，叫「原有」；一戶是女的，叫「依然」。他們都是單身、獨個兒居住的。

　　過了一段時間，老信徒有機會和依然傾談，提及了她的愛情故事。原來她原名叫「亞希」，她曾經擁有一個熱愛的戀人，叫「亞望」，她們拍了拖多年，甚至到了談婚論嫁的階段。但是，雙方因為日久生厭，她們都各自問神：「為何神祢不賜我一個更好的伴侶呢？」特別是亞希，認為自己可以再找到一個更好的。不過，她又不想傷害亞望而說分手，於是她漸漸疏遠亞望，直至某一天，她忽然失蹤了，她期望大家都可以找到一個更好的。不過，亞希亦也有自知之明，她家裡也有鏡子，她知道她自己的外貌也不是太標青，於是，她偷偷地去整容，一方面可以避開亞望，另一方面可以方便她日後找一個好的伴侶。整容後，她變成一個全新的女子，改了現有的名字，又換了新地方住，開始嘗試結識其他男子，不過，尋覓了很久，還沒有合適的對象，她現在只有對住在對面的原有稍有好感，但是，她還是覺得以前的男朋友亞望是最好的！所以她至今也沒有對原有表白，只希望在餘下的一生尋回她以前的男朋友，可惜，當她回到昔日的地方，再也見不到亞望！

　　老信徒有另一次機會和原有傾談，原來，原有也有和依然同一

7　改編自金基德的《慾望的謊容》（時代論壇 1009 期，31/12/2006），https://www.christiantimes.org.hk/Common/Reader/News/ShowNews.jsp?Nid=38657&Pid=2&Version=1009&Cid=511&Charset=big5_hkscs(1/11/2021)。

的想法，他也曾經擁有一個熱愛的戀人，但認為自己可以再找一個
更好的，又不想傷害她而說分手，於是容讓對方漸漸疏遠自己。他
也有自知之明，他知道自己的外貌也不是太標青，於是，他也偷偷
地去整容，一方面可以避開對方，另一方面可以方便他日後找一個
好的伴侶。整容後，他變成一個全新的男子，改了新名字 -- 原有，
又換了新地方住，開始嘗試結識其他女子，同樣地，尋覓了很久，
還沒有合適的對象，他也感到，他除了對住在對面的依然稍有好感
之外，他還是覺得以前的女朋友亞希是最好的！所以他也沒有對依
然表白，只希望在餘下的一生尋回他以前的女朋友，可惜，當他回
到昔日的地方，再也見不到亞希！

　　老信徒並不知道，眼前的原有就是亞望。亞希和亞望每日都問
神：「祢為我創造的伴侶在那裡？」他們傾一生在尋找他們的最愛！
雖然他們住在對面，每日相見，卻不想透露愛意，也不敢表白！雙
方同樣的問題：「祢為我創造的伴侶在那裡？」他們的一生就在尋
找最愛的伴侶！

　　經文：耶和華神說：「那人獨居不好，我要為他造一個配偶
　　　　　幫助他。」(創 2:18)

　　默想：你們要明白兩性是互補，不是互數。就算你們不明白
　　　　　對方的差異，你們卻要知道對方是補你們的不足，你
　　　　　們就可以開開心心地生活，享受神的愛。

④ 搶救愛情 40 天 [8]

日期：2011 年 12 月 17 日　　　　經文：以弗所書 5 章 24-25 節

　　老信徒認識一位消防員阿凱，他是位充滿責任感又英勇的消防員，他在火場上對隊友們不離不棄，救助陷於危難的人不遺餘力，但他卻挽救不了自己岌岌可危的婚姻。妻子阿琳是醫院工作，在他的家庭生活中，他經常和太太爭吵。阿凱和阿琳都不能够理解彼此工作中所面臨的壓力。

　　到了兩人婚姻生活的第七個年頭時，雙方都不約而同的認為：希望他們從來都沒有結婚。到了第十年，在兩人忙碌的工作與口角下漸行漸遠，兩人都有了離婚的念頭。但正當這對夫妻著手辦理他們的離婚手續時，老信徒鼓勵阿凱把離婚協議延後四十天，叫他試試參加一個以一本書爲基礎的、四十天的「挑戰愛情」試驗之旅。阿凱在閱讀了這本書之後，開始嘗試瞭解甚麼叫做無條件之愛。他要將自己對妻子的愛表達出來，他要改變，要每天為妻子做一件事。在 40 天的開始，他為太太預備咖啡，送她一些鮮花，但在經濟考慮下，只選平價的花朵。後來，他在火場上救了一個女孩，成為英雄，卻燒傷了左手，醫生提議他除下戒指，但他堅持繼續每天都戴上。不久，他又依著書的吩咐，打破了電腦，叫自己不再沈溺於色情網站。

　　阿琳母親患病，為了太太，阿凱不再向太太家人吝嗇，花了幾個月的薪金，悄悄地買了一些醫療器材，送給外母。不過，他的行

8　改編自電影《搶救愛情 40 天》，https://blog.xuite.net/salom67/wretch/125655983
(1/11/2021)。

動卻換來太太冷漠的反應，阿琳決定繼續與他離婚。阿凱思考這本書是否沒有用處，他們的愛情是否無法挽回？於是他去找老信徒，老信徒叫他信耶穌。經考慮下，他決志相信主，並決意繼續以基督的愛去愛他太太。

當阿琳病了，阿凱仍然照顧她，阿琳也發現原來買醫療器材給她母親是阿凱，於是她在家中找回已丟在一角的結婚戒指，跑到消防局，問她的丈夫：如何才可以像他一樣愛別人？他的丈夫帶她到山上的十字架，講出耶穌的故事，邀請她接受主。最後，他倆再次在十字架下，以基督教的婚禮再證婚盟。最感動的是，老信徒當年也是因為太太依著這本書做，他才感受到基督的愛，他和太太的婚姻才得以長久。

經文：教會怎樣順服基督，妻子也要怎樣凡事順服丈夫。你們作丈夫的，要愛你們的妻子，正如基督愛教會，為教會捨己。(弗 5:24-25)

默想：基督的愛，讓人明白神對婚姻的心意，以及為何將男女放在一起，以致你們可以彼此相愛，成為對方的幫助。

⑤ 老信徒的一句招呼

日期：2011 年 8 月 27 日　　　　經文：路加福音 19 章 5-6 節

老信徒初信時，與一位牧者發生了一些磨擦，大家互不理睬，就是見到面都面阻阻，自此以後，他再沒有和這位牧者交談，甚至打招呼。但因為事奉的關係，經常碰上，就是碰上，大家都當對方透明。雖然老信徒是她教會的會計師，她總是叫另一些同工，去接觸老信徒。時間久了，事情也都掉淡了，老信徒以為他已寬恕了那牧者、接納她。後來，有一次，一位牧者和老信徒輔導時，那牧者提醒老信徒，他每次提及那位牧者，總有些情緒，可能老信徒還未能接納她，老信徒也發覺，其實每次見到她，他也有些忐忑不安。於是，老信徒想：除為她和自己禱告外，他還有甚麼可以做？

在一次禱告中，神提醒老信徒，當見到面的時候，要和她打招呼！老信徒想：打招呼這麼簡單，沒有問題！原來殊不容易，第一次向她說「早晨」的時候，老信徒十分掙扎。但開始了，第二次就簡單得多，自此以後，老信徒每次見到她的時候都打招呼，那牧者初時都有些尷尬，甚至想避開，不過，就是她越避開，老信徒也越追前打招呼。過了一段日子，大家都變得很自然，甚至有講有笑，十分親切，他們發現他們已經再次彼此接納了！

老信徒發現，原來一句招呼已有這樣的功效，只要從一句說話開始，我們就感受到神的關心，弟兄姊妹的關心，我們的生命就可以有突破，我們不再被憎恨及憤怒所轄制，我們得自由，我們得救恩，我們可以自由地愛我們的弟兄姊妹了！

經文：耶穌到了那裏，抬頭一看，對他說：「撒該，快下來！今天我必住在你家裏。」他就急忙下來，歡歡喜喜地接待耶穌。（路 19:5-6）

默想：面對桑樹上的撒該，耶穌用一句「打招呼」的說話開始，稱呼他做「撒該」，就好像我們見到一個朋友時，叫他的名字一樣，十分親切。就如有段時間，老信徒的兒子每一次從教會回來，都很喜歡拿他們的主日程序表給老信徒看，原來那時的程序表上經常有他的名字，雖然可能只是做司事，只要看見他的名字，他就很開心。人聽見別人稱呼你們的時候，總是有點認同感，通常都會十分開心！人需要別人的愛，愛人的行動往往是從一句招呼開始，一句招呼已令人感受到那份關心和接納！

⑥ 拖爸爸的手 [9]

日期：2013 年 5 月 5 日　　　　經文：歌羅西書 3 章 20 節

　　老信徒認識有一位女孩子，小時候很反叛，她非常憎恨她的父母，尤其是她的爸爸，她覺得爸爸很固執、不講道理，她從來感覺不到父母的愛。這個女孩子讀到中三的時候，贏了一次話劇比賽，獎品是一瓶香水，她回到家中告訴家人，但是，她爸爸隨手就扔了那瓶香水，並說道，只有壞女人才會用香水。這個女孩很傷心，她發誓長大後一定要離開這個家。長大了，當她孤身遠方去讀書的時候，才發現現實並非想像中那般浪漫。有一天，她意外地收到一封信，原來是父母寄來的，爸爸在信中的一字一句，都充滿了鼓勵的話，無論她過往是多麼的自私、任性，原來她父母一直也沒有離棄過她，這個時候女孩子有個心願，待她畢業回港後，一定要多抽時間，帶父母去喝茶，因為爸爸最喜歡是喝茶。這個女孩終於畢業，回到香港，家人把她帶到醫院，讓她看到躺在病床上的爸爸，他很脆弱、很瘦，爸爸患的是末期癌症。這一刻，女孩知道，這輩子都不可能達成她的心願，沒可能再帶爸爸去喝茶，也是這女孩一生的遺憾。她的痛苦是一生。

9　改編自鄧藹霖的故事，11/5/2009 無線電視翡翠台《靈時感動》http://mytv.tvb.com/ lifestyle/onefrom theheart/24809 (20/5/2009)

經文：你們作兒女的，要凡事聽從父母，因為這是主所喜悅的。(西 3:20)

默想：人要在行為、言語、心態、態度和物質上，好好的對待父母，否則就遺憾一生一世。

⑦ 母親節快樂？

日期：2013 年 5 月 5 日　　　經文：申命記 5 章 16 節

母親節翌日，老信徒碰到一位母親，細聽她如何慶祝母親節。

他的兒子工作十分繁忙，只有早一個星期六才有空檔，於是他預早約定母親，早一點慶祝母親節。臨近母親節前，他向母親說：酒樓只有晚上六時半才有座位可以預訂，問母親可不可以？當母親應允後，才知道他和太太及兩名子女要八時才能到達，避免失去座位，他希望母親可以早一點去取位。於是當日母親預早去取位，真的等了一個半小時，還不見他們，十五分鐘後，他們才施施然到來。他們來到的時候，就埋怨母親為何不點好菜，因為他們要趕著離開，於是他們就匆匆忙忙點菜、進食，用了半小時，就完成整個母親節宴會，沒有太多的交談，就匆忙離開。

母親以為他們這樣匆忙，必定有特別事趕著做，隨後才知道，原來是有隻最新型號的手機開始公開發售，他們四人趕著去排隊購買，以致可以拿出街炒買。過了幾天，他致電給他母親，談及母親節的事，殊不知竟是埋怨母親：母親節的晚飯害他們遲了去，令他們排不到手機。老信徒心想：他們請母親晚飯，是否真的慶祝了母親節？是否真的令母親快樂呢？

經文：當孝敬父母，正如耶和華 -- 你神所吩咐的，使你得福，並使你的日子在耶和華－你神所賜給你的地上得以長久。(申 5:16)

默想：神愛世人，祂為我們的好處而賜下父母，我們除了是為了「得福」和「長壽」外，也是要回應主的愛而愛父母。

⑧ 水禮問心事

日期：2013 年 5 月 26 日　　　　經文：啟示錄 2 章 4 節

　　有一日，老信徒進入一間高級餐廳，侍應竟用普通話問他吃甚麼？昔日，香港人最受中國人歡迎，香港人到中國內地，就像皇帝般，戴著金勞手錶行街，到處炫耀，而中國內地人民就爭相學廣東話，以說廣東話為榮。今日，香港人已失去其優越地位，甚至香港人對起初受歡迎的廣東話，也離棄了。

　　不只在香港，原來在教會，也有這等事情。最近有位姊妹，從別的教會轉至老信徒的教會。原來她信了主已經一年多，信主一段日子後，她決定受洗，於是申請洗禮及上洗禮班。由於教會的洗禮一定要經過教會執長「問心事」這環節，而所有「問心事」的題目是預先制定好的，並且有固定的答案，而申請者必須以此答案準確回答，才能過關。當執長問到最後一條問題，這位姊妹既不能答出來。原因是，這條問題：「她會不會撇下所有跟隨耶穌來跟隨主？」標準答案是：「會！」但她想到她有房子、有錢、有美好的職業，而且她還要照顧父母，怎能撇下所有！她想，她不能說了就算，說了就應該按此回應來行動；若不是，就是說謊。於是她答：「不會！」雖然那些執長苦口婆心地勸她，叫她答「會」，那麼她就可以過關。但她認為，不可欺騙自己和欺騙別人，更不可欺騙神，所以堅持是「不會」，她也曾讓步，改口說「現階段不會」，甚至轉了不同的字眼和方式說「不會」，但由於與標準答案不符，教會的執長仍不能通過她受洗。

　　這位姊妹當然十分氣憤，她認為，那些問她的執長也不會撒下所有，她這樣誠實，竟不可以受洗，於是她離開那教會，轉來老信徒的教會。究竟今日教會的領袖們是愛問題的答案，還是真心愛人呢！相信他們在初信主的時候，都是懷著滿腔熱誠去愛人，但日子久了，就失去了起初的愛心，只是依循過往的方式去對待人了。

經文：然而有一件事我要責備你，就是你把起初的愛心離棄了。（啟 2:4）

默想：以弗所教會雖然座落於偉大的城市，被認定是一間偉大的教會，因他們以為自己是最好的教會，卻把起初的愛心離棄了。今日，我們在教會是愛甚麼？是否跟隨神的吩咐，愛「人」？

⑨ 祖父的愛

日期：2015 年 5 月 23 日　　　　經文：路得記 1 章 16-17 節

　　老信徒父親的親人，大部份在中國內地的鄉村地方生活，他們多是務農為生。老信徒的祖父就是一個農夫，從小就懂得種植蔬菜水果。他長大，娶了一個從城市來的妻子，成為老信徒的祖母，他們十分相愛。二十歲那年，祖母說喜歡吃西瓜，於是祖父就在屋後的土地種西瓜，然後親手在地上摘西瓜給她吃。三十歲那年，祖母說經常喉嚨痛，想食柑橘，於是祖父改種柑橘，柑橘樹比西瓜高，但老信徒仍見到，祖父總要親手摘給祖母吃。四十歲那年，祖母喜愛食香蕉，於是祖父又改種香蕉樹，香蕉樹比柑橘樹更高，但祖父仍然親手摘給她吃。

　　中國內地開放後，祖母時常埋怨，叫祖父不用這樣辛苦，到街市買就可以了，不用自己種植，也不用自己親手採摘。不過，慢慢她就開始明白祖父的「愛」。五十歲那年，祖母身體不好，於是時常說「日日食蘋果，醫生遠離我」，於是祖父開始種蘋果，蘋果樹又比香蕉樹高一點，約有十至十五米高，但祖父仍然親手摘給她吃。六十歲那年，祖母愛上了吃榴槤，於是祖父開始種榴槤，榴槤樹又比蘋果樹高一點，有十五至二十米高，六十歲的祖父仍然堅持親手摘給她吃，不過他一隻手要掩著鼻子。七十歲那年，祖母身體已經開始退化，需要食椰子油，於是祖父開始種椰子，椰子樹又比榴槤樹高一點，有二十至三十米高，祖父的身體也不算好，但他仍然堅持親手摘給她吃。老信徒經常聽見他對祖母說：「你需要甚麼，我也種甚麼；你喜歡食甚麼，我也喜歡摘甚麼；你的身體就是我的身

體，你身體要食的食物就是我的食物。」這句話似曾相識，像路得對拿俄米的說話一般。這時，老信徒再沒有聽見祖母的埋怨，反見到祖母經常在樹下，充滿著欣賞，看著這位七十歲的老人家爬上椰子樹替他摘椰子！

經文：路得說：「不要催我回去不跟隨你。你往哪裏去，我也往那裏去；你在哪裏住宿，我也在那裏住宿；你的國就是我的國，你的神就是我的神。你在哪裏死，我也在那裏死，也葬在那裏。除非死能使你我相離！不然，願耶和華重重地降罰與我。」（得 1:16-17）

默想：婚姻，代表一個「愛的旅程」，路得的說話比起老信徒祖父的說話，多了一句「你的神就是我的神」，原因不是路得相信神，而是人的愛是無力，需要神。路得要愛，就要從拿俄米所相信的神中學習，只有倚靠神，人才能用主的愛愛對方。

⑩ 共譜愛的樂章

日期：2015 年 5 月 23 日　　　經文：哥林多前書 13 章 4-8 節

　　有一年，有一對老信徒由小看著他們成長的青少年結婚，他們邀請老信徒作訓勉，於是老信徒用了以下基督教的詩歌，串成一段「愛的旅程」：

　　結婚前，當你開始留意對方時，第一首歌想起是《尋著你的那天》，《尋著你的那天》就相信《上帝早已預備》，亦相信你的《上帝聽禱告》，袖是《耶和華以勒的神》，為你預備最好，對方就是妳的《雲上太陽》，你就開始《全因為你》，《愛是不保留》，你相信《有你愛我》，這是我《最好的福氣》，不知不覺，《因著信》，你就以為對方就係你《這一生最美的祝福》，幻想這對《天作之盒》可以成為王子和公主呢個想法，就決定《全然為你》，一句《愛，我願意》，就將《我的一生在你手中》。

　　結婚後，其實《誰曾應許》《一生愛你》，當你清醒了，《若你能看見》，對方結婚後是一個《全新的你》，你仍然幻想結婚前王子和公主《這樣的愛》，當然這只是《偶然遇上的驚喜》，許多時候，你回到家中，你會發覺對方《坐著為王》，你就會覺得《這世界非我家》，在家裡面，你明白《除他之外》，《無人能與你相比》，你失去了人所有權利，你可能試圖反抗，但換來只是《萬世戰爭》，或係打一場《最美好的仗》。《當你走到無力》，你仍要繼續活下去的時候，你會不會仍然講：《我信愛是恆久》，可能你只會唱《我的心為何憂悶》，或者《神啊你在哪兒》。你發覺你《活著就是祭》，你就會問：《這是甚麼道理》，就在這《幽谷中的盼望》

中，你只能說：《如果還有明天》，又或是悲觀地否定：《如果看見明天》。這時，你會大叫：《我寧願有耶穌》。

　　其實婚姻要有第三者，就是要有神在其中，你倆要《放手交給祂》，要經常向神《禱告》，《只要相信》，並《用信心抬起頭》來，然後向神呼求，求《你讓我生命改變》，這樣你們會一同經歷，你們婚姻中的《不可能的愛》，你們的《生命因愛動聽》，你們會明白，並向對方表明《我需要有你在我生命中》，你們會成為《同路人》，無論去到那裡，都希望《沿途有你》，而且《沿路因你伴我走》，就會出現《不捨不棄》的愛，婚姻中《愛的真諦》就會浮現，這種《新的開始》你們會一同經歷。這樣，在你們的婚姻中，《愛再不是傳說》。

經文：愛是恆久忍耐，又有恩慈；愛是不嫉妒；愛是不自誇，不張狂，不做害羞的事，不求自己的益處，不輕易發怒，不計算人的惡，不喜歡不義，只喜歡真理；凡事包容，凡事相信，凡事盼望，凡事忍耐。愛是永不止息。(林前 13:4-8)

默想：婚姻的承諾是表達一種無比的愛，要以神的愛去愛對方，無論怎樣，也要學習彼此相愛。

六．
老信徒的團契

① 姊姊的守護者 [10]

日期：2009 年 3 月 1 日　　　　經文：尼希米記 1 章 11 節

老信徒看了一本小說叫《姊姊的守護者》，甚為感觸。

內容是說一對夫婦：莎拉與布萊恩，他們育有一子一女，本來挺幸福美滿的。但女兒凱特在兩歲時患上急性前骨髓性白血病，即俗稱的血癌，整個家庭的生活頓時翻轉過來。凱特屢醫無效，莎拉跟布萊恩決定利用現代醫學科技，再生一個基因與凱特完美配對的小孩，好給凱特供應治療用的骨髓、淋巴細胞等。如此複製一個人，已備受爭議。複製人出生後就被當作醫療藥倉，供應藥物，更是個重大問題。然而在父母眼中，拯救女兒天公地道的事。妹妹安娜彷彿只為姊姊凱特而生，她自己的甚麼喜好都要放下，甚至想離開幾天，去參加那夢寐以求的曲棍球生活營也不行，因為要隨時候命，給姊姊捐贈身體某部分。

這樣過了十三年，安娜的存在就是為了供應姊姊所需要的，安娜不斷地供應凱特血液、白血球、骨髓與幹細胞，最後輪到了她的腎臟。當父母要求安娜將半邊腎臟移植給凱特時，她堅決不從，無法忍受被當成藥倉的安娜決定起訴父母，控告父母奪走她的身體使用權，要求爭回「身體使用權」。於是她就用僅有的積蓄，找律師控告自己的母親，要從她身上奪回自己的醫學決定權。父母，覺得她只是為了吸引他們注意才出此下策。

---

10 茱迪·皮考特：《姊姊的守護者》，林淑娟譯（台北：台灣商務，2006）。英文書名 Jodi Picoult, My Sister's Keeper.

本來十八歲前， 法律上，父母可以替孩子作出很多牽涉法律的決定，為的是保護孩子，但道德上，孩子幾多歲都好，是有權利去作自己的決定。安娜不想捐出腎臟，如果她已經過了十八歲，沒有人可以阻止她， 但故事矛盾之處就是她只有十三歲， 法律上他是不可以為自己決定， 而且基於她是凱特的妹妹， 她就有所謂道義上的理由，要去幫助有血緣關係的姊姊。故事情節出人意表，裁決結果怎樣？最後的結局令人心痛，留待大家去看這書。

事實上，安娜很愛姐姐，但她不想捐出腎臟，因為她不希望做別人的守望者。今日，我們在口頭上都願意彼此相愛，但當要守望別人，我們就會猶豫，如果神要我們行動，要使用我們的時候，就往往特別困難！

經文： 主啊，求祢側耳聽祢僕人的祈禱，和喜愛敬畏祢名眾僕人的祈禱，使祢僕人現今亨通，在王面前蒙恩。我是作王酒政的。(尼 1:11)

默想： 當以色列人有難，別人可能祈求神的拯救，但尼希米卻「求神叫他日子亨通，在王面前蒙恩。」目的是求神使用他自己。尼希米要亨通，因為他要請王將已發佈的政策反轉過來，不但引致尼希米有危險，也使猶太人歸回修城牆的機會幻滅。我們在禱告中，總求神使用別人，好像和自己沒有太大的關係，神不但叫尼希米禱告，也叫他看見自己的責任。我們的責任就是：禱告必須加上行動。

② 寶石

日期：2010 年 1 月 10 日　　　經文：以賽亞書 43 章 5-7 節

　　有一日，老信徒的鄰居在他後園拾到兩粒石頭，這兩粒的石頭像手掌一樣大，很美，鄰居決定找人去雕琢這兩粒的石頭，希望能夠將它們雕琢成美麗的藝術品，然後將它們放在家裡成為擺設。於是鄰居找來老信徒和一位技藝高超的設計師去負責琢磨這兩粒的石頭。

　　那設計師是城裡很有名，而老信徒則完全未學過設計和雕刻的。鄰居承諾他們供應他們二人所需的工具及材料。那設計師使用了很多工具去琢磨那兩粒的石頭，又用了近一百多種顏(漆)料；奇怪的是，老信徒居然只是要求一些布等簡單的用具。

　　一個月後，他們都交來他們的成品，鄰居前來驗收。他首先看看那設計師所雕琢的石頭，他以非常精巧的手藝把石頭切割、鑲嵌及裝飾得五顏六色，非常美觀。鄰居很滿意地點點頭。接著回過頭來看看老信徒的作品，他一看之下就愣住了！他所雕琢的石頭沒有塗上任何顏料，他只是把它擦拭的非常乾淨，那石頭就顯出了它原來的光澤，無瑕地反射出從外面而來的色彩及榮耀，十分美麗，原來它是一顆鑽石。

經文：不要害怕，因我與你同在；我必領你的後裔從東方來，
又從西方招聚你。我要對北方說，交出來！對南方說，
不要拘留！將我的眾子從遠方帶來，將我的眾女從地
極領回，就是凡稱為我名下的人，是我為自己的榮耀
創造的，是我所做成，所造作的。(賽 43:5-7)

默想：弟兄姊妹，我們也是一樣，我們的本質是屬神，神關
愛我們，我們不需要用各種物質來美化自己，我們只
需要讓內在原有神的榮耀，無瑕地顯現出來就行了！

③ 兩個行山迷途的人

日期：2010 年 3 月 21 日　　　經文：提摩太後書 4 章 1-2 節

　　老信徒有一次到外地旅遊，房子處於山邊，又有一行山徑在旁。有一天他沒有行程，於是去行山，但不久就進入了一個大樹林，樹木叢生，人跡罕至，而且樹林太大，進去的人很容易迷途，老信徒於是真的迷了路。剛巧有另一個人從相反的方向出發，也迷了途，找了很久也找不到出路，天色漸晚，食水和糧食都耗盡了。老信徒與他在樹林中遇上了，兩人同病相憐，於是他們希望對方可以互相幫助，讓自己可以返回自己的房子。可惜大家的房子各自處於相反的方向，大家都堅持對方先幫助，返回自己的房子，才安排另一方回去。不過，大家都害怕對方回到自己的房子後，不守承諾，又或是太晚，未能回去自己的地方。於是大家都在不願吃虧下，結果兩人分道揚鑣。

　　過了一段時間，老信徒仍找不到出口路，卻又遇上那人。老信徒靈機一觸，與其一起餓死在樹林中，不如先幫助他回家，然後自己再想如何回來。果然，兩人一條心，很快就回到那人的家，又真的太夜，老信徒未能啟程回去。不過，途中他們已經建立起友誼，那人還邀請老信徒在他家留宿一夜，翌日才送他返回旅館。

> **經文：**我在神面前，並在將來審判活人死人的基督耶穌面前，憑著祂的顯現和祂的國度囑咐你：務要傳道，無論得

時不得時，總要專心，並用百般的忍耐、各樣的教訓責備人，警戒人，勸勉人。(提後 4:1-2)

默想：當保羅鼓勵提摩太傳道，也提及一些同行者，相信這些人曾幫助保羅去傳福音。今日，當我們事奉時，在我們當中，亦有一些可以幫助我們的人，願意我們能一同承擔教會的責任，努力去傳福音。因為一起事奉，總好過一個人事奉。

④ 鯉魚的傳說 [11]

日期：2011 年 7 月 17 日　　　經文：詩篇 133 章 3 節

　　老信徒有一次遊經黃河峽谷的龍門，見到黃河的鯉魚逆流而上，游到了龍門，十分壯觀。那處河水十分之高，河水有如水壩流下的瀑布，傳說中，假如牠們跳過龍門，躍上上游，便可以變為龍，不再是鯉魚了。有哪一條鯉魚，不想變為騰雲駕霧的、會飛的、威猛巨大的龍呢？

　　老信徒從當地人聽聞另一傳說，有一群鯉魚，游到了龍門。一次又一次躍出水面，想跳過龍門。因為水太高，都失敗了，落回河裏，仍是一條一條的鯉魚。牠們埋怨：「龍門太高了。」於是牠們去請求海龍王，把龍門的高度降低。海龍王堅持龍門的水不可以降低，但經不起鯉魚的哀求，又同情牠們，於是承諾降低龍門的水位。於是鯉魚們很興奮，再一次聯群結隊，逆流而上，去到了龍門。果然龍門的水位降低不少。這樣，牠們一條一條躍出水面，翻一翻身，果然跳過龍門，到了上游。這時，牠們看看同伴，再看看自己，的確所有的都變了龍，但卻是小小的，像一隻蜥蜴的龍。再拍拍翅膀，都飛不起來，只是能用四隻小腳在地上爬的蜥蜴，還比不上在水裏游的鯉魚。牠們大失所望，但已不能回到海裏再跳多一次，只能向天大哭。事實上，只有跳過高高的真正的龍門，才會變成真正的龍。

---

11 司徒華：《16 不會飛的小龍》（香港：司徒華紀念網站，20/10/2009），https://www.szetowah.org.hk/ 司徒華作品彙編 / 三言堂結集 19- 起看星斗 /16- 不會飛的小龍 /（2/11/2021）。

牠們跳過的，是降低了的龍門，不是真正的龍門。要求降低了，達到的目的也必然小得多

經文： 又好比黑門的甘露降在錫安山；因為在那裏有耶和華所命定的福，就是永遠的生命。(詩 133:3)

默想： 經文指出和睦的目標，是要得著永遠的生命，不是一半、或是四份一的永遠生命。詩人強調的「在那裡」，即耶路撒冷，是聖殿的所在之處，神同在的地方。我們不要降低標準，要在主內，過一個合一又和睦的生活。

⑤ 上行的秩序

日期：2011 年 7 月 17 日　　　經文：詩篇 133 章 1 節

　　老信徒父家的親人大部份是居住在中國內地廣州的農民，家境較為清貧，老信徒從小時候開始，就每年假期的時候，都會陪同父親回鄉探親，順便帶備大量物資來送給親人。當時交通並不發達，只有柴油火車可以到達廣州。於是他們每年都有幾次，乘火車，在羅湖過關。由於假期一定多人，所以會爭路行、爭位坐、爭旅館住、爭食物、爭水飲等。人人都爭先恐後，不守秩序，老信徒已司空見慣！

　　老信徒以為他們不是基督徒，不守秩序是應該。不過，他也留意到，基督徒在去旅行，上旅遊車時，也會爭座位，可能希望相熟坐在一起；吃飯時，也會爭坐在那裡。信仰群體未必代表一定有秩序。他也發現，教會內雖表面安靜，但未必代表和睦，信徒之間仍有很多差異，甚至常引起大家的不和，何況有些不和還藏於心中！

　　記得有一年，老信徒去葛福臨佈道大會，在政府大球場舉行，他提早了進場，在入口處，他見到一個男士沒有門卷，硬要闖入場。入了場，又要硬要坐在那些還未開放的座位那邊，於是和在場一的個工作人員爭吵起來，最後還大打出手，需要在場的其他工作人員調解。老信徒感到，信徒一起也未必一定有秩序。

經文：（大衛上行之詩）看哪，弟兄和睦同居，是何等地善，何等地美！（詩 133:1）

默想：這篇詩篇的標題是「大衛上行之詩」。上行，指上耶路撒冷聖殿。猶太人有三大節期：逾越節、五旬節、和住棚節。根據申命記 16:16，猶太男丁每年要在這三個大節期上耶路撒冷守節。按撒母耳記下 24:9 大衛數點以色列人的數目，男丁起碼有八十萬，連同其他家庭成員，相信也不少於一百萬人，一百萬人一起上路，沿途「和睦同居」，真是「是何等的善！何等的美！」當時道路並不發達，長途拔涉去耶路撒冷，可以保持「和睦」，今日我們也要學習。

⑥ 組長的恨惡

日期：2013 年 5 月 26 日　　　　經文：啟示錄 2 章 6 節

　　有一位年青人，老信徒從她高中時候已經開始牧養她，更栽培她成為敬拜隊和組長。她大學畢業，她進入了四大會計師樓當核數工作，工作十分忙碌，她渴望另找到一份較安定、有前途的工作，又可以有更多時間留在教會事奉。在尋找的過程，她竟遇上了，對方相約她上去見工。由於碰上核數的旺季，沒有特別原因，上司是不會批准請假。當他向教會的弟兄姊妹分享時，大家都教她請臨時病假，Sick leave(病假的英文) 當然是「識得如何 leave」，她也覺得這是唯一解決方法。當她問老信徒意見，老信徒就問：「妳想想耶穌想妳怎樣做？」她明白這樣請病假，就是不誠實，神不會喜悅，十分掙扎。不過，若她誠實向上司道明原因，上司一定不會答允，於是老信徒鼓勵她按神的心意去處理，恨惡神所恨惡的，不要講大話。於是，她如實向上司請假，理由是「去見工」

　　結果？當然是不批准，當然去不到面試。之後，老信徒邀請她在福音營分享這個見證，她十分疑惑，這見證十分失敗，怎可以見證耶穌，然而她順服。在福音營的佈道會中，她的分享感動了很多新朋友，甚至弟兄姊妹，大家被她的高尚情操和信仰忠誠，深深感動，認為這才是基督福音所帶來的影響力。幾個月後，她看到神的最終預備，她找到一份比之前那份更好的工作！

經文：然而你還有一件可取的事，就是你恨惡尼哥拉一黨人
的行為，這也是我所恨惡的。(啟 2:6)

默想：早期教父認為尼哥拉是早期教會所選出的七位執事之
一 (徒 6:5)，他引誘信徒過放縱的生活。他們的教導
違反真理，但信徒較難察覺得到，因為這不是來自外
在的攻擊，而是來自教會內部，而且那些教訓似是而
非，信徒極難分辨。今日，教會內也有人傳遞與聖經
不相符的教訓，如教人炒樓、炒股票，甚至教人走後
門。雖然沒有犯法，不過，這明顯跟隨世俗，而不忠
於神！留意這些傳假教訓的，不一定是剛返教會的人，
可能是教會的領袖，也可能是「我們」。以為為信徒
好，為教會好，卻引進了很多世界的價值觀，慢慢侵
蝕著整間教會。這種尼哥拉式的教訓不是存在著很多
教會當中嗎？

⑦ 阿富汗牧羊人 [12]

日期：2014 年 1 月 19 日　　　經文：但以理書 6 章 7-10 節

　　在 2014 年，「佔中」事件令教會信徒心靈很不安，一日，老信徒和母親去飲茶，左邊檯罵緊佔中，右邊檯罵緊反佔中，老信徒作為基督徒，十分熱血，熱心參與各種社會運動，而他的兩名子女對政治卻很冷漠，連新聞也不會多看。在佔中期間，有一晚，老信徒聚會後從教會回家，時間約十一時左右，竟然見不到他的子女，致電給他們，才知他們去了佔中現場，還在金鐘，約十二時，老信徒聽聞政府可能會開槍鎮壓，於是他再致電子女，叫他們快些離開，可能，他們一接電話，就立即收線 (cut 線)，不只那晚，其他日子他們都去，現場出現了事故，才停止到場。當老信徒和他們傾談的時候，大家都有不同意見，大家都會講聖經，不過，對於怎樣才是忠於神，則大家有不同的看法。

　　從佔中有關忠心的討論，老信徒想起一個故事。就是在 2005 年 6 月，於阿富汗境內，美國海軍士官魯特爾 (Marcus Luttrell) 等一行四名海豹特種兵前往巴基斯坦邊界附近進行秘密偵查任務。他們的目標是一名很接近拉登的塔利班領袖。根據情報，此人帶領 140-150 人名火力強大的民兵，藏身險惡山區的村落裡。四人在山脊找到一個俯瞰村落的制高點後，不久就給兩名帶著百來頭山羊的阿富汗牧羊人撞見，同行還有一名約十四歲的男孩。三人沒有帶武器。他們看來是手無寸鐵的老百姓。四名美軍發現沒帶繩索，沒辦

12 邁可‧桑德爾：《正義：一場思辨之旅》樂為良譯 (台北：雅言文化出版股份有限公司，2011)，
　　31-32。

法把牧羊人先綁起來，換取時間，自己再另尋藏身之處。他們就為了要怎麼辦爭論起來。一個主張殺，為求自保；一個主張放；一個投了棄權票。基督徒魯特爾要投出決定性的一票，他會怎樣投：殺？放？

　　最終，魯特爾決定放了牧羊人。放人後一小時半左右，四名美軍就被它80-100名拿著AK-47半自動步槍與火箭筒的塔利班包圍。魯特爾的三名弟兄在激戰中喪命。一架趕來營救的海豹直昇機也被塔利班射下，機上十六人全數陣亡。魯特爾身受重傷，跌到山腳下，爬了整整十一公里一處帕希頓人的村莊，得村民保護，才沒讓塔利班抓走，並最後獲救。本來殺掉三名阿富汗人，就可救回三名袍澤和十六名美軍。「這一票永遠折磨魯特爾。」但他在《單一生還者》一書中寫道：「我的基督徒靈魂說把手無寸鐵的人冷血殺掉是大錯特錯。」他再投可能也是一樣，他要作一個忠於神的決定，但必須預計可能要付上代價！

> **經文：**國中的總長、欽差、總督、謀士，和巡撫彼此商議，要立一條堅定的禁令，三十日內，不拘何人，若在王以外，或向神或向人求甚麼，就必扔在獅子坑中。「王啊，現在求你立這禁令，加蓋玉璽，使禁令決不更改；照米底亞和波斯人的例是不可更改的。」於是大流士王立這禁令，加蓋玉璽。但以理知道這禁令蓋了玉璽，就到自己家裏（他樓上的窗戶開向耶路撒冷），一日三次，雙膝跪在他神面前，禱告感謝，與素常一樣。(但6:7-10)

默想：但以理的敵人要從他的信仰生活中尋找他的把柄，他
們煽動國王立一條禁令，如但以理違反此令，敵人便
可以依法消滅他。雖然但以理的形勢似乎很危險，但
他沒有退讓。今日，我們會不會因主流的意見，而放
棄我們的信仰呢？不過，想深一層，但以理與外邦人
在朝廷共事，他們每日都想加害但以理，但以理已經
是活在無形的獅子坑中。今日信徒也很少被迫害，大
多數每天活都在無形的獅子坑中，面對逼迫，我們是
否仍然可以做一個忠心的信徒呢？

⑧ 團契的團友

日期：2014 年 1 月 19 日　　　　經文：但以理書 6 章 2-3 節

　　老信徒初返教會團契的時候，與幾個差不年紀的弟兄姊妹一同成長，一起玩，一起事奉，到大家一起出來工作的時候，大家一起立志，表示要做好自己的工作，見證神。的確大家都做得很好，甚至工作有些成就，也因為如此，大家越來越將時間放在工作上，更少了返教會或少了事奉，甚至有些消失了。有一次，老信徒致電給其中一位弟兄，他是栽培老信徒成長的人，當時他正在工作，他們傾談了一會兒，那弟兄可能有些事趕著處理，他叫老信徒等一等，然後就在電話旁邊，不停以粗口責罵他的下屬，跟著回頭，又同老信徒傾電話，說：「我們這行是這樣的！」更甚的是，當他重覆地要處理另一些事情的時候，轉頭與老信徒傾談，就會夾雜著一兩句粗口問候老信徒，當然他一醒覺，就會立即講「對不起」，然後說：「我習慣了！」或許工作表現得很好，但人際關係上和信仰上，就失去了見證！

　　這不是一個獨有的現象。有一次，老信徒在樓下大堂等升降機回家，發現所有升降機都停在十九樓，從閉路電視看見，原來有人按停著所有升降機，於是老信徒就向太太破口大罵那些按著升降機的人，當老信徒罵到最激烈的時候，頓然發覺，他和之前罵同事的弟兄也有幾分相似。

經文：又在他們以上立總長三人（但以理在其中），使總督在他們三人面前回覆事務，免得王受虧損。因這但以理有美好的靈性，所以顯然超乎其餘的總長和總督，王又想立他治理通國。(但 6:2-3)

默想：但以理在生活各方面都有美好的見證。在信仰上，他持守神所吩咐的，工作上，有美好的見證，努力工作，不計較蝕底；對人的態度上，如對國王的態度，免別人受虧損。因著他各方面的生活見證，因此他被人迫害。今日，當我們展現美好的生命見證，也同時要預備付上代價，因為有許多仇敵就會趁機迫害我們！

⑨ 發夢王大冒險

日期：2014 年 1 月 19 日　　　　經文：但以理書 6 章 19-22 節

　　有一日，老信徒與太太去電影院看戲，戲名是「發夢王大冒險」，看罷，老信徒對自己的事奉有很多的反省。

　　這套電影是有關一位忠心僱員的故事。華特米堤 (Walter Mitty) 是雜誌社中一名不善交際的相片部經理，雖然他經常發白日夢，但十分好人，而且在十多年的工作中從未遺失過一張相片。一天，雜誌決定停刊，華特要負責將著名攝影師亞辛指定的相片沖印成為最後一期的封面，但他從攝影師亞辛寄來的包裹找不著相片的底片，只有一個送給他為禮物的錢包。為了忠於他的職責，也相信亞辛是有責任感，終是他決意找亞辛尋回這張極珍貴的相片，他周遊列國地尋找這名行蹤神秘的攝影師，甚至去了格陵蘭和冰島等，但仍尋找不到，換來被炒，犧牲了他的工作。雖然已經被炒，但他仍忠於工作的使命。他繼續去喜馬拉雅山，為的是尋回底片。他終於在山上找到亞辛，這時，他正在山上苦候神出鬼沒的雪豹。當雪豹出現時卻又不拍照，華特問他為何錯過大好的良機，他回應了一句：「我不想因為按下快門而干擾了我對這一刻的享受⋯⋯」這對老信徒是一下當頭棒喝，人生不是為了工作，是要活在當下，享受神給我生活的每一刻。

　　到結局，原來底片就在亞辛送給華特的錢包內，這底片，也是最後一期雜誌的封面，竟是在午餐時坐在街上看著底片的華特。封面說要獻給雜誌的忠心員工。這一刻印證著華特的忠心和價值。明

明只是一個普通打工仔，卻忠於工作，關心朋友及家人，信靠他的攝影師，不在乎犧牲，活出他的信念！

經文：次日黎明，王就起來，急忙往獅子坑那裏去。臨近坑邊，哀聲呼叫但以理，對但以理說：「永生神的僕人但以理啊，你所常事奉的神能救你脫離獅子嗎？」但以理對王說：「願王萬歲！我的神差遣使者，封住獅子的口，叫獅子不傷我；因我在神面前無辜，我在王面前也沒有行過虧損的事。」（但 6:19-22）

默想：王禁止人民向其他神求拜。但但以理如常的禱告，仍持守信仰，不怕犧牲，於是他被扔進獅子坑，這是他的選擇，他要面對自己的選擇所帶來之後果。在獅子坑理他好像全無盼望，但因著他倚靠神，忠於神，最後他得勝。王的說話印證他信仰的真實：「你所常事奉的神」，有個「常」字，指「不斷」，沒有停止過；代表王也知道但以理常親近神。因此，忠心的信徒應平日應做好靈修，預備迎接突發的困境來臨，而在困境中又要顯出他們的信仰，才能印證這位神的真實！也讓其他人認識神！

⑩ 城裡田間順服

日期：2015 年 6 月 7 日　　　　經文：申命記 28 章 1-3 節

　　老信徒在九十年代初，於一間上市公司內任會部主管，在某一會計年度處理賬目年結的時候，竟然出現賬目不平衡，欠了幾百萬元，對於一間上市來說，這只是一個小數目，而且核數師一星期後來核數，時間十分緊迫，所以上司就叫老信徒，隨便找個會計賬項，將差異放入去。老信徒表明自己是基督徒，不可以做假賬，堅拒不肯。不但換來上司的責罵，他上司也另找了一個老信徒的下屬去處理這個差異，他下屬表示，人在江湖，只能跟著上司的指示去處理。結果當然是被核數師查出來，賬目要重新做過。

　　老信徒頓時想起，在第二次世界大戰期間，一位法國軍人的故事，他負責駕駛飛機到德國納粹軍佔領的法國地區進行轟炸。目標是工廠及其他軍事目標。有一天，他接到命令，轟炸他的家鄉。他明白轟炸德軍是取勝的最有效手段。但這樣可能會炸死他自己的鄉親，並會傷及平民。因著他的信念，是保衛，而不是傷害自己的國民。他堅決不執行這個任務，拒絕投彈在他的家鄉。 [13]

---

[13] 邁可·桑德爾：《正義：一場思辨之旅》，樂為良譯 (台北：雅言文化出版股份有限公司，2011)，253。

經文：你若留心聽從耶和華—你神的話，謹守遵行祂的一切誡命，就是我今日所吩咐你的，祂必使你超乎地上的萬國之上。你若聽從耶和華 — 你神的話，這一切的福氣必臨到你身上，追隨你：你在城裏必蒙福，在田間也必蒙福。(申 28:1-3)

默想：以色列人在會幕敬拜，經文以「城裡」和「田間」形容信徒在教會以外的地方。今日，信徒在教會內，必定愛神、順服神。但在教會以外，是否聽從神，或是順從世界的價值取向而行呢？而願意遵行，必在教會外也得著福氣！

七.
老信徒的事奉

① 福培部的事奉

日期：2009 年 9 月 27 日　　　經文：尼希米記 13 章 30-31 節

　　老信徒，有一段時間在教會的福音栽培部事奉，簡稱「福培部」，主要負責佈道、栽培和安排短宣等工作，而福培部的部長是一位已婚的姊妹。有一日，這位姊妹經過砵蘭街，看見老信徒抬著頭，看著上面的黃色招牌，在尋找甚麼似的，跟著到了一座舊式的唐樓樓下，停下來，接著打了一個電話，不久，一位年青又衣著新潮的少女從這座樓下來，跟著老信徒搭著這女子的膊頭，一起走上樓去，那姊妹立即追上去，根據升降機停在的數層，乘另一部升降機上去。殊不知，升降機一打開，那姊妹見到是一個一樓一鳳的單位，門口還站著一個衣著妖艷的少女，姊妹當然立刻按關門下樓，跟著她去教會將事情轉告給教會的牧者。

　　牧者當然立即召見老信徒。原來老信徒當日去了一個基督教福音機構，名叫國際醫療服務機構 (MSI, 現為「國際專業服務機構」)，即戴德生家族創辦那一間，目的是為教會安排一些暑期短宣活動。那機構位於砵蘭街，由於老信徒初時找不到這機構的地址，於是便抬著頭周圍看看，試試是否看到那機構的招牌，以致姊妹誤會他尋找黃色架步。他找了很久也找不到，剛巧他的基督徒契女在這機構工作，於是他致電給契女來接他，而他契女十分洋化，他們也很老朋友，所以經常一見面就擁抱，並搭著膊頭來行，而那機構的單位對面正正是黃色架步，又怪不得姊妹誤會。由於他沒有預先向牧者和部長講聲，於是他向牧者解釋和致歉。結果，牧者不單為他嫖妓祈禱，也為他「講大話」禱告。

　　自此以後，他發覺那女部長對他的眼光有些異樣，而且，無論崇拜聚會或是開會，老信徒坐在左右，她總是彈開，坐去另一處，甚至一有事奉要合作，那女部長例必拒絕和他一起事奉，老信徒很是氣餒，於是決定退出這事奉崗位，也將和國際醫療服務機構的合作擱置。

　　不過，當他看見尼希米記 13 章 30-31 節這段經文，尼希米派眾人分別為聖的事奉，兩句都用了「派」字，這字代表尼希米的分工，也代表領袖與百姓也各自根據尼希米的安排，謹守自己的崗位，各盡其職。老信徒才明白自己的事奉是分別為聖的。

　　另外，老信徒也想起一個拉比臨終時的一段說話，就是「我未必可以改變這個世界，也未必可以改變別人，但我可以改變自己，讓自己站在神的一方，以致可以改變別人和世界。」於是他堅守他的崗位，繼續分別為聖的事奉。而他再與國際醫療服務機構傾談，這次為免誤會，他多帶一位弟兄與他同去，當他們和那機構傾了一會兒，發覺門外很嘈吵。於是他們出去一看，原來，那女部門又跟了上來，而與老信徒同來正是她的丈夫，她以為案件又再重演，她問他們為何站在這裡？這時，老信徒引用剛才拉比的說話，說：「我不是在那方，我一直站在神的那一方，我希望可以改變自己、別人、和世界。」

> 經文：這樣，我潔淨他們，使他們離絕一切外邦人，派定祭司和利未人的班次，使他們各盡其職。我又派百姓按定期獻柴和初熟的土產。我的神啊，求祢記念我，施恩與我。（尼 13:30-31）

默想： 尼希米重新安排以色列民的事奉，每人也有自己的事奉崗位，各盡其職！留意，各人是被神的僕人「派」的，沒有異議，沒有怨言。今日教會，事奉多數是自己「揀」的，不喜歡就不做。這值得我們深思！尼希米先安排領袖，然後安排百姓，百姓跟著領袖的榜樣去做。與尼希米時代一樣，今日的教會很重視領袖的選立，因此，每年的週年會友大會最重要的議題是執事的選舉，然而，信徒往往將焦點放在權利和候選人身上，換句話說，信徒以為選舉是要他們運用「權利」去選取最合適的候選人，當選舉完畢，就只有當選的執事事奉，其他人就站在一旁指指點點。可是，事奉是一個群體的事，每一票都代表對候選人的支持及日後事奉的參與。弟兄姊妹，你想不想過一個分別為聖的生活，以致可以改變自己、改變別人和收變世界。

② 抗拒事奉的攔阻

日期：2009 年 3 月 29 日　　　經文：尼希米記 2 章 19-20 節

　　老信徒認識一位姊妹，原本她熱心事奉，後來她逐漸冷淡，原來她愛上了跳健康舞，除了返工，和返崇拜及小組外，就去跳健康舞。老信徒十分好奇這個改變，她又不是太肥。於是老信徒走去問她「為甚麼」，她表示，因為多年前，有人向她推銷「書Ｘ堡」的會藉，原本她不理會那推銷員就沒有事，就是她一搭咀，對方就不斷地向她遊說，又用激漲法，她抵不住引誘，於是她買了一個終生的會藉，因此，如果她不經常去跳舞，用盡她會藉的權利，她就會覺得不值得，於是她一有時間就去跳舞，跳舞用了她所有的時間，連事奉的時間也沒有了。

　　老信徒又識得另一位弟兄，情況也是如此，他因為搭一句咀，就買了一個健身會的終生會藉，日日健身，沒有了事奉的時間。也有一位弟兄，因為搭了一句咀，就買了一個中國內地房屋單位，經常要返回內地打理那單位。你們也許不奇怪，因為電視的「警訊」節目也經常出現這個畫面，就是搭一句咀，可能就沒有了一副身家。

　　因此，事奉也是這樣，當你準備事奉神的時候，不要理會身邊的攔阻和攔阻的聲音，專一事奉神！

經文：但和倫人參巴拉，並為奴的亞捫人多比雅和阿拉伯人基善聽見就嗤笑我們，藐視我們，說：「你們做甚麼呢？要背叛王嗎？」我回答他們說：「天上的神必使我們亨通。我們作他僕人的，要起來建造；你們卻在耶路撒冷無分、無權、無紀念。」（尼 2:19-20）

默想：對內在和外內敵對勢力的控告，尼希米完全不放在心上，一句反駁的話也沒有，他繼續遵照神旨意而行。可見，尼希米處理這等口舌攻擊的態度是：不理會他們。事實上，我們準備事奉神，可能會面對身邊所有人的攻擊，有些人甚至與你十分親密，而他們又未必是直接對你有傷害，只是以言語去挑釁或刺激你，或用激漲法，以喚起你的情緒和反應，使你轉移了視線，不再定睛於你所做的事奉。

③ 為事奉察看城牆

日期：2009 年 3 月 29 日　　　　經文：尼希米記 2 章 13 節

　　老信徒曾在一間大型連鎖電器行工作，他的大老闆平日很少和下屬傾談，又經常關上房門做事，但是，他很掌握公司一切的情況。原來他通常在晚上出動，每一晚他都會出去巡舖，巡完舖後，他就會和舖頭的經理、員工打麻雀或唱卡拉 OK。因此，他可以輕易了解公司的情況，為公司制訂出適當的政策，而每項政策都很容易推行。尼希米重建耶路撒冷時，他首先在夜間視察城牆，這幫助日後他重建聖城時作出明智的決定。老信徒也明白他老闆的城牆就在舖頭內、麻雀檯上和卡拉 OK 房中。那麼，老信徒反省，基督徒的城牆又在那裡？

　　老信徒試下問一個家庭主婦，他說：「我只是一個家庭主婦！」可是，老信徒發覺家庭主婦也有他們的城牆。當教會婦女會聚會後，他們下樓，向前行幾條街，她們就聚合在那裡。原來那裡就是銀行門口和銀行的證卷部，那就是她們的城牆，她們會在那裡一起研究股票，她們要為她們的儲蓄作準備，很多金融界工作者也不及她們對股票的認識。

　　老信徒心想，總有些家庭主婦不買賣股票，又或是要照顧兒子，那有時間玩股票？她們的城牆又在那裡？然而，有一段時間，老信徒要接兒子返學、放學，剛巧他的兒子準備升讀中一，他就明白她們的城牆在那裡！通常，放學前十五分鐘，家長就會在學校門口外面聚集，交換下學校的情報，商討如何選擇中學。由於老信徒一直

不懂得學生家長的城牆就在學校門口，他錯過了機會，失卻很多資訊！

> **經文：**當夜我出了谷門，往野狗井去，到了糞廠門，察看耶路撒冷的城牆，見城牆拆毀，城門被火焚燒。（尼 2:13）
>
> **默想：**尼希米重建耶路撒冷時，他首先在夜間視察城牆，這幫助日後他重建聖城時作出明智的決定。弟兄姊妹，今日可能你們正準備事奉，或已經事奉，事奉者也有自己的城牆，你們有沒有察看你自己的城牆？你們有沒有為事奉作好計劃？為事奉準備及計劃是必須的。

④ 搭地鐵

日期：2009 年 3 月 29 日　　　經文：尼希米記 2 章 18 節

　　老信徒來自一間基層教會，因此教會的裝修或維修總是由教會的弟兄姊妹搞掂，記得有一次教會的投影機的螢幕壞了，需要一支新的鋼鐵管來掛起新的幕，他和幾位弟兄被迫搭地鐵去較遠的五金舖頭買一支鋼鐵管，他們要買的鋼鐵管十分長，楝起來超過一個人的高度，他們搭地鐵時十分不方便，他們便打直楝起放在一邊。

　　後來，地鐵越來越多人，他們被迫到一角，當他們接近到站落車的時候，他們發覺他們當中竟然沒有一人正拿著那鋼鐵管，奇怪的是，雖然他們沒有拿著鋼鐵管，但他們離遠卻見到鋼鐵管仍然可以打直楝起來。為甚麼？

　　這時，地鐵到站，廣播說：「請緊握扶手」，然後列車停下來，列車內竟有一堆人跌倒，滾在地上人仰馬翻，而他們卻仍緊緊揸實扶手，為甚麼還跌倒？

　　原來這些人都以為這鋼鐵管是地鐵的扶手，大家都揸到實一實，以為是可倚靠的對象。車內人門倚靠的對象是鋼鐵管，你們倚靠的對象是誰？是主耶穌！

經文：我告訴他們我神施恩的手怎樣幫助我，並王對我所說的話。他們就說：「我們起來建造吧！」於是他們奮勇做這善工。(尼 2:18)

默想：事奉也要明白倚靠的對象，不要以自己為聰明就去事奉！我們要好好準備，先確立倚靠的對象！

⑤ 二十年事奉的道

日期：2009 年 8 月 9 日　　　　經文：約翰福音 17 章 18-19 節

　　老信徒定期去某一間教會講道，經常講及有關「事奉」的題目。有一次，當他講道完畢，有一會眾走前來和他握手說：「我在二十年前聽你的道，因而悔改信主。」他又說：「在這二十年間，我也經常聽你講道，對事奉這題目也非常有感受。」老信徒十分欣慰，然後問那會眾：「我為你感謝主，請問你在這二十年中，你為主作了甚麼工？」那會眾竟答不出來。在二十年中，相信他已經聽過不少關於服事主的道理，但他始終沒有被感動，以行動去服事主。

　　老信徒猶記得 2012 年 12 月 21 日時，大家以此日為「世界末日」，滿城鬧得熱哄哄。在這天的一星期前，老信徒收到一個短訊，講述當天晚上有三個世界末日的現象，第一是到時漆黑一片，第二是有一大群人湧到街上爭著走，第三是有許多雞隻死亡。當然一定「對」，晚上固然漆黑一片；當日冬節，人人放工趕返屋企團聚；過節，當然會劏雞吃飯。但是，老信徒想，如果真的知道末日就到，信徒們會做甚麼？是否仍會像那會眾一樣，沒有行動，或是會努力為主工作。耶穌被差到世上，把握時間服侍神、服侍人。而耶穌差遣門徒，也是叫他們把握時機，進到世人當中，服侍人群。

經文：你怎樣差我到世上，我也照樣差他們到世上。我為他們的緣故，自己分別為聖，叫他們也因真理成聖。(約 17:18-19)

默想：弟兄姊妹們！你們參加教會的聚會多少的日子？在這些日子中，你們有沒有受感動，去盡力服事主？你們有沒有彰顯出基督的喜樂和價值觀，讓人因而認識主耶穌。

⑥ 母親的榮耀

日期：2009 年 8 月 30 日　　　　經文：腓立比書 2 章 5-8 節

　　老信徒自幼家貧，父親航海，經常不在家，然而，他的薪酬亦不足以養活一家八口，母親唯有靠車衣服來幫補家計，自然生活很艱難，但四位兒女長大後，母親仍然堅持節衣縮食，送他們入學讀書，由小學、中學而至大專。光陰過得很快，孩子的年級越來越高，所需要的金錢就越多，母親就加重勞苦了。老信徒知道母親的錢來之不易，所以用心讀書，很快的就大專畢業。畢業時，母親被邀請出席畢業典禮。但她心裏想：「我年紀大，又寒背，面上有很多的皺紋，又無好衣服穿。去參加兒子的畢業禮，他會很不光彩。」於是，對老信徒說：「我不去參加了！」但老信徒知道母親的心，對他母親說：「母親！你一定要參加，妳若不參加我也不去了。」母親看見老信徒的懇切，便勉強補一補那較好但仍破損的衣服，去參加兒子的畢業典禮。

　　到了頒發證書的環節，因著老信徒品學兼優，他考到第一名。所以在頒發證書時，校方呼叫老信徒的名字。他站起來，本應直向前去領取證書，他反倒向後走去，走到家長的席座上，扶起這位老婦人，走到校長面前，舉起他母親的手，去接受了校長所發的證書。然後轉過身來，說：「這個證書，不是我該得的，是我母親當得的。」

經文：你們當以基督耶穌的心為心：祂本有神的形像，不以自己與神同等為強奪的；反倒虛己，取了奴僕的形像，成為人的樣式；既有人的樣子，就自己卑微，存心順服，以至於死，且死在十字架上。(腓 2:5-8)

默想：老信徒將他的榮耀歸給他的母親。今日，我們就像老信徒一樣，用奴僕的樣式，用兒子的心靈，進入人群，傳揚福音，以致我們可以將榮耀歸給天上的父親！

⑦ 食雞 [14]

日期：2010 年 6 月 20 日　　　經文：希伯來書 10 章 29-22 節

　　老信徒讀神學的時候，常聽到教授們說：「今個星期日又要去『食雞』了！」他明白這是指他們會去教會講道，但為何說為「食雞」？於是他走去問他神學院的院長，院長就將這個典故講解給他聽。

　　原來早期香港的教會有一種強烈的「家」的觀念，許多教會在崇拜聚會前或後，總會一起進飯，就是外來的講員，也一定會被邀請留下來吃飯，就像一家人一樣。如果有外來講員到訪，就必定額外有一味餸。是甚麼？

　　答案就是：「雞」，就像中國人過時過節一樣，通常一定有雞吃，代表開心的時刻，大家一起吃飯，一起分享信仰，好像一個家庭，使人人在這家可以得著激勵，以及在信仰上得著堅立。由於當時神學院的講師較容易邀請，遇著教會有講員臨時失約的時候，就會立即邀請神學院的講師去代替宣講。老信徒的神學院前院長，每次見神學院的講師臨時被拉去作宣講時，就問他們：「是否去『食雞』？」於是教會流傳下來，叫臨時拉夫去宣講做「食雞」。「食雞」變成一種頂包的術語。其實，「食雞」原意是 指一個美好信仰群體的相交，從而每個人都可以得著屬靈的堅立！

14　取材自梁家麟於 2010 年 6 月 2 日中國文化與教牧事工課程的堂上講解。

經文：弟兄們，我們既因耶穌的血得以坦然進入至聖所，是藉著祂給我們開了一條又新又活的路，從幔子經過，這幔子就是祂的身體。又有一位大祭司治理神的家，並我們心中天良的虧欠已經灑去，身體用清水洗淨了，就當存著誠心和充足的信心來到神面前。（來 10:19-22）

默想：群體是一個很重要成長的地方，信徒經常叫教會做「家」，「家」這觀念就是應用了中國的傳統：人需要歸屬一個家，人需要在家裡成長。故此，人不可以自己單獨追求屬靈上的成長，相反，人可以透過群體的敬拜，可以進到神的面前，得著更大的個人屬靈益處。

⑧ 符合自己的傳道人

日期：2011 年 3 月 27 日　　　經文：利未記 19 章 17-18 節

　　老信徒每年有一兩個聚會是和三位傳道人一起籌備，他們都很忙碌，通常都以電話來分配工作，幾年來都沒有問題。有一年，由於他們想辦得大型一點，所以需要多些時間商討，於是決定約出來開會，經過一輪的電郵，他們發覺最好是在平日的晚上，可以有整晚的傾談，於是他們作出一些建議及投票，最後選定在一個晚上的六時，開會並同時進行飯聚交誼，當大家決定後，不久之後，其中一位牧者卻突然用電郵通知大家：「當晚我八時有約，希望早一點完結！」於是老信徒問他：「是不是臨時有事，需不需更改時間？」他表示不是臨時，但可以改時間，於是他們又經過一輪電郵，重新投票，決定了另一個日期。

　　會議當晚前，老信徒又再收到他的通知，他當晚八時有約，需要早走，老信徒再也忍不住，問他為何每次也是這樣，但他只是解釋他很忙，其他人需要就一就他。他也暗示，如果可以遷就，他就會同他們保持關係；如果不是，以後他就未必參與。老信徒知道，原來平日他也是這樣對待其他弟兄姊妹！這位傳道人只會叫人遷就自己，不理會別人的感受，他用這個方法選擇朋友。如果對方遷就他，他就愛他；不然，就不理會他。教會內，我們有時也會如此，合自己心意就愛，不合就不愛。

　　老信徒發覺，現今有些傳道人也是如此，只要求別人做，自己卻不遵守。正如老信徒出席一些傳道人自己的聚會時，常見那些平時教導別人準時的人，卻經常遲到。

經文：不可心裏恨你的弟兄；總要指摘你的鄰舍，免得因他擔罪。不可報仇，也不可埋怨你本國的子民，卻要愛人如己。我是耶和華。(利 19:17-18)

默想：猶太人這段經文是照字面的方式去解釋，中文譯得好，用了「如同自己」(who is like you)，鄰舍這裡與弟兄、本國的子民並排，所以猶太人以為鄰舍就是自己人，相同種族、相同理念、相同信仰的人。與自己相同就愛，不相同就不愛。現今信徒理解愛鄰舍與猶太人相近，鄰舍必須符合我們的心意，但神的心意卻不是如此，叫我們愛他人，如同愛自己一般。

⑨ 神學院同事的大事

日期：2011 年 8 月 14 日　　　經文：出埃及記 18 章 25-26 節

　　老信徒在神學院內，有一位同事是負責電腦的，但他處理事情分不清那一樣是大事，那一樣是小事，所以他經常以為自己做緊的事是大事。有一次，當老信徒找他協助製作一個很緊急的投影片，那投影片在一星期後要使用，但他竟然說：「我很忙，正在檢查著電腦的上網速度！」當然，這是恆常的工作，應該不是重要的事！於是，老信徒唯有找了另一位同事做。一星期後，即當晚要用那投影片的日子，那同事正趕緊完成那投影片，他又到那同事處，叫她當日不要用電腦，讓他可以做一些恆常的維護工作，那同事氣得半死，問：「電腦部是在支援我們的工作，還是不許我們工作！」

　　又有一次，老信徒在辦公室內傾緊一個很重要的電話時，他敲門進來，說要做一些恆常的維護工作，檢查老信徒的電腦有沒有病毒，老信徒輕聲回應，表示正在傾緊一個很重要的電話，他二話不說，就叫老信徒借開一點傾，他就坐在老信徒的座位上檢查起來，他好像完全分不清那些是大事，那些小事！

> **經文：**摩西從以色列人中選出有才能的人，立他們為百姓的領袖，作千夫長、百夫長、五十夫長、十夫長。他們隨時審判百姓：難斷的事就送到摩西那裏，各樣小事就由他們自行判決。(出 18:25-26)

默想：出埃及記 18 章的下文就是「十誡」。如果摩西一直坐著審判百姓，試問摩西還有時間上西乃山立約？領受十誡在以色列人及普世人類來說，是一件「大事」，直接影響以色列及人類的救贖。從救恩的重要性來看，審判百姓是小事，領受十誡才是大事！因此，凡事必須以神的標準來分輕重，然後確立自己處事的優先次序。

⑩ 智慧的選擇

日期：2012 年 8 月 9 日　　　　　經文：尼希米記 2 章 4-6 節

　　老信徒的鄰居十分猜忌，自從他的太太信了主後，他就對太太很不信任，甚至有一日他們到了一個不能勉回的地步。於是，他對太太說：「從今天起，晚飯後，我們夫婦的關係就告停止，妳不但要離開我，也要離開這房子，因為這房子是我買的，但是，在妳離開這座房子之先，妳可以拿走一樣妳心愛之物，無論甚麼都可以。」太太聽後，十分傷心，於是收拾行李，準備離開房子，並向老信徒道別。老信徒心裡猜想：她會拿甚麼離開家園？

　　就在她離開前，她預備一餐豐富的酒菜，宴請老信徒，老信徒和鄰居都吃飽喝醉了。此時，鄰居的太太拿出一個布袋，把飲醉的鄰居放入袋中，準備將他包起來帶走。鄰居駭然扎醒，問是怎麼回事？他太太說：「你曾答應我，在離開這房子時，可隨意帶走一樣我心愛之物，我心愛之物就是你，因此，我會你帶走。」這樣，鄰居的太太以智慧再次得著鄰居的心，她想再離開，也不行了。

> **經文：**王問我說：「你要求甚麼？」於是我默禱天上的神。
> 我對王說：「僕人若在王眼前蒙恩，王若喜歡，求王差遣我往猶大，到我列祖墳墓所在的那城去，我好重新建造。」那時王后坐在王的旁邊。王問我說：「你去要多少日子？幾時回來？」我就定了日期。於是王喜歡差遣我去。（尼 2:4-6）

默想：尼希米向王請求的手法非常明智，他首先禱告，也看準時機，使用適當的技巧。他留意到，「那時王后坐在王的旁邊」，王的決定少不免受到王后一點的影響。尼希米就是這樣有智慧地得著國王，以致他的事奉產生果效。

八.
老信徒的聖經
和教會

① 你們的教會

日期：2008 年 6 月 22 日　　　經文：馬可福音 2 章 1-5 節

　　老信徒在神學院的第一年，有機會去到不同的教會參觀、訪問及實習，當弟兄姊妹談到教會的優點或好處，就會說：「我們的教會怎樣…怎樣…」，但當他們談到對教會的不滿時，就經常聽到他們說：「教會，他們怎樣…怎樣…」談到好東西的時候，總是說「我們」、「我們的教會」；談到不好東西的時候，總是說「他們」、「他們的教會」，好像說話的人不是教會的一份子。

　　老信徒也留意到，如果在教會內，有弟兄姊妹對教會不滿時，總是向老信徒說：「某某執事，他們做得不好！」或說：「某某組長，他們做得不好！」遇見這等情況，老信徒就會這樣回答：「可能是你較他們更適合做執事。也許是因為神叫你做，你不肯，所以責任不在『他』，可能責任是在於『你』！」老信徒又或會這樣回答：「你覺得執事或組長做得不好，責任也可能在於你，沒有承擔起自己的職份。不如你嘗試做執事或組長。」

　　馬可福音二章 1-12 節談到一位癱子，他的朋友不是這樣，在癱子不好的時候，他的朋友也總是對他不離不棄，委身於他，讓他最終可以得醫治。

經文：過了些日子，耶穌又進了迦百農。人聽見他在房子裏，就有許多人聚集，甚至連門前都沒有空地；耶穌就對他們講道。有人帶著一個癱子來見耶穌，是用四個人抬來的；因為人多，不得近前，就把耶穌所在的房子，拆了房頂，既拆通了，就把癱子連所躺臥的褥子都縋下來。耶穌見他們的信心，就對癱子說：「小子，你的罪赦了。」（可 2:1-5）

默想：因著耶穌，我們要彼此委身，教會不好，不要做旁觀者指指點點，可能就是我們沒有盡上自己的責任。在教會，神給予我們每個人應有的職份，以致我們可以彼此委身，一起承擔起主給我們的職份。

② 道是一樣的

日期：2008 年 7 月 13 日　　　　經文：馬太福音 13 章 3-8 節

有一次，老信徒問他的女兒：「為甚麼中國人較歐美的人更容易讀得明白聖經？」他原意是說：「聖經主要是由東方人的語文希伯來文寫成，所以東方人易明白一點。」

但他女兒竟然說笑地說：「『聖經』兩個字是中文，西方不認識中文，所以他們會不懂得讀。」

於是老信徒就乘機幽她一默，說：「不是，因為中國語文原本是打直寫，所以讀的時候，是從上到下讀；而外國的語文，如英文，是打橫讀寫的，所以讀的時候，是由左至右讀！」原來中文打直讀，中國人讀的時候，就會不停點頭；而外國的英文是打橫讀，讀的時候，就會不停搖擺頭，好像不明白。

弟兄姊妹，老信徒當然是講笑啦，但從撒種的比喻來看，撒種的人只有一個，種子也是一樣，只是土壤不同。換句話說，道是一樣，每個人都有同等的機會接受從神而來的道，只是人心接受的程度不同。弟兄姊妹可以在主日回到教會聽道，也可以從不同的聚會，如小組或主日學內聽到神的信息，道是一樣的，問題是我們是不是聽道又行道的人？

經文：祂（耶穌）用比喻對他們講許多道理，說：「有一個撒種的出去撒種。撒的時候，有落在路旁的，飛鳥來喫盡了。有落在土淺石頭地上的，土既不深，發苗最快。日頭出來一曬，因為沒有根，就枯乾了。有落在荊棘裡的，荊棘長起來，把他擠住了。又有落在好土裡的，就結實，有一百倍的，有六十倍的，有三十倍的。」（太 13:3-8）

默想：種子就是神的道或是天國的道理，土壤就是人的心田。作為主的跟隨者，我們經常以為神對待別人較自己好，也埋怨主餵養不夠，牧者不好，組長沒有用，講員欠佳，信息無新意，但主耶穌指出，問題不在於神的代言人，或是神的信息，道是一樣。問題是在承受種子的土壤，即聽信息者的選擇。

③ 鸚鵡聖經 [15]

日期：2008 年 10 月 5 日　　　經文：雅各書 1 章 25 節

　　老信徒的教會有一位弟兄，名叫「費蜜」先生，他有兩個兄長，他們都是年輕又熱心愛主的基督徒，有一日，他們準備離開家園及孤獨年老的母親，去別國創天下。臨走之前，他們聚在一起，商量各自送一份他們能力許可內的禮物給母親。

　　大兒子說：「我知道母親她喜歡返教會聽道，我會送她一部 Benz 房車並連司機給她，讓她可以早些返教會，專心聽道。」二兒子說：「我知道母親喜歡行道，尤其效法耶穌愛人如己，我會送一座大屋給母親，讓她可以接待她的鄰舍。」

　　三兒子費蜜笑笑並說：「你們抵打，你們知道媽媽聽道、行道，但最重要是先認識神的話語，所以她最喜愛查考聖經以實踐真理，但由於她的眼睛看得不好，所以我送她一隻啡色的鸚鵡，這鸚鵡可以背誦全本聖經，牠是由一間修道院的二十個修士，用了十二年時間，教懂牠全本聖經，只要媽媽說出聖經章節，牠就可以背誦經文出來。因為要得到這鸚鵡，我承諾在十年間，每年捐出一百萬元給他們，但這是值得的。」

　　當他們離開不久之後，母親就分別寄給他們一封多謝信。她寫給大兒子的是：「大仔，我每星期只返教會一次，其他時間多留在家中，實在很少外出，而香港又經常塞車，用不著那部 Benz，而且那位司機又實在太粗魯了！」她寫給二兒子的是：「二仔，你所送

15　改編自 http://us.i1.yimg.com/us.yimg.com/i/space.gif(2002)。

的房屋十分大，我只需住其中一間房，可是，我卻要打掃全屋！」

　　她寫給三兒子費蜜的是：「親愛的蜜仔，你是唯一一個兒子最了解母親的喜愛的人，…」大兒子知道要聽道，二兒子知道要行道，但三兒子費蜜更明白「聽道和行道的要訣」就是要讀經。所以他送給母親一隻可以幫助她查考聖經的鸚鵡。可是知道還知道，實踐起上來，總是有些困難。

　　母親在蜜仔的多謝信中，表達了一些感受，就是：「那隻雞很美味，我很久沒有食過這麼新鮮的雞，香港全是冰鮮雞，如果可以再送我一隻就好了！」

> **經文：**惟有詳細察看那全備使人自由之律法的，並且時常如此，這人既不是聽了就忘，乃是實在行出來，就在他所行的事上必然得福。(雅 1:25)
>
> **默想：**鸚鵡就當了雞，聽道、行道、讀經，實踐時可能困難重重，生活會混亂，但弟兄姊妹不要灰心。雅各書本段所討論的，是基督徒最知道，又最難作的。但千萬不要做不到就放棄，錯了就再來，一年五十二個星期，總有一個星期做得到。信徒要在靈性生命有進步，必須聽道、行道和讀經。

④ 眼神交流 [16]

日期：2009 年 1 月 25 日　　　　經文：馬太福音 18 章 21-22 節

　　有段時間，老信徒的教會來了一位「飛型」青少年。在某日，這位飛型青年穿著一身 MK Look(旺角服飾) 走在街上，剛巧一位陌生的飛型中年男士迎面而來，他用雙眼「眼超超」地瞪著那青少年，甚至上下打量他一番，好像看不過他一身出眾的衣著，那青少年很不服氣，故此，照辦煮碗，「以牙還牙，以眼還眼」，也瞪著那飛型中年，上下打量打量一番，並且，最後抵不住頸，破口大罵：「有甚麼好看，未見過人這樣穿衣服？」那中年人為免引來其他人的注視，所以低頭急步向前走。

　　迎面又來了一個老年男士，他也用雙眼「眼超超」地瞪著那青少年，也上下打量他一番，也好像看不過他一身出眾的衣著，那青少年亦不服氣，故亦照辦煮碗，「以牙還牙，以眼還眼」，也瞪著那飛型老年人，上下打量打量一番，也破口大罵：「有甚麼好看，未見過人這樣穿衣服？」那老年男士鬆開外衣，露出一身魁梧扎實的肌肉，青少年身形瘦小，立即不敢出聲，那老年男士為免引來其他人的注視，所以也低頭急步向前走。

　　迎面又來了一個飛型中年女士，她也用雙眼「眼超超」地瞪著那青少年，也上下打量他一番，也好像看不過他一身出眾的衣著，那青少年亦照樣瞪著那飛型中年女士，也破口罵她，不過今次溫柔一點地說：「有甚麼好看，未見過人這樣穿衣服？有時間我教妳穿

16　改自：迪奇：〈眼神交流〉，《館長有 say》(香港：星島日報，11/09/2008)，E1。

衣服！」那中年人女士為免引來其他人的注視，所以也低頭急步向前走。

　　最後，迎面來了老信徒，他也用雙眼「眼超超」地瞪著那青少年，那青少年照樣瞪著老信徒。面對好像羞辱的眼神，那青少年對第一個中年人，他採取「報復」；而面對第二個老年男士，他因懼怕而退縮不出聲；到了第三個中年女士，他取笑她，加上少許寬恕，青少年盤算今次應如何反應，溫柔地問：「有甚麼好看，未見過人這樣穿衣服？」在互相鬥望一番後，老信徒突然開口：「後生仔，你忘了拉褲鏈呀！」

　　經文：那時彼得進前來，對耶穌說：「主啊！我弟兄得罪我，我當饒恕他幾次呢．到七次可以麼？」耶穌說：「我對你說：不是到七次，乃是到七十個七次。」（太 18:21-22）

　　默想：「七十個七次」出自舊約該隱故事的典故。彼得問有關饒恕的問題，耶穌以該隱的典故回應，表明出現問題時，未必一定在別人的身上，可能往往出在自己的身上！如果那青少年遇上老信徒前，就放下自己的報復心態及偏見，明白事情的真相，明白自己有甚麼不妥，或先問一問老信徒，就可避免一些關係上的鑑介。今日，亦讓我們在寬恕這問題上作出一些反省。

⑤ 說英文的孩子

日期：2009 年 9 月 27 日　　　　經文：尼希米記 13 章 23-25 節

　　有一次，老信徒到一間醫務所看醫生，看見有一個中國人外貌、約八歲的男孩子，走到護士的窗口旁邊，護士姐姐可能以為他等得久了，想問一問是否輪到他，於是護士問他叫甚麼名字，但護士問了多次，那小男孩都沒有回應，護士以為他的耳朵有問題或是啞的，於是用紙寫下來，問他叫甚麼名字，但男孩迅即驚慌地走開，護士於是追上去，剛巧男孩的母親迎上來，了解了情況，就指著他說：「他不懂得中文！」護士見他的母親是中國人，識講識聽中文，就好奇地問：「他是否混血兒？」母親連忙答說：「不！他是中國人！我和他的父親都是中國人！」跟著就提高聲線，讓在場的每一個人都聽到，很驕傲地說：「他只會說英文，他是讀國際學校，他的朋友是說英文，他看明珠台，他是聽英文歌的！」

　　老信徒猜想在場的人怎樣想？覺得那母親很威？不！老信徒只想：「那小男孩還算得上是中國人嗎？」試想兩個中國人結婚，所生的兒女說英文，而不會說中國語言，人們會說他們所組織的家庭是西方人的家庭，還是中國人的家庭？

　　尼希米記 13 章 23-29 節談及以色列家庭內部的問題。「他們的兒女說話，一半是亞實突的話，不會說猶大的話，所說的是照著各族的方言。」(24) 事實上，從雅各由迦南入埃及，他們只得七十人，相信從那時開始，他們已有和異族通婚。而在被擄之前，亦有記載，以色列人也有和異族通婚。何西阿說 (7:8)：「以法蓮與列邦

人攙雜。」當時中東地區大部份落入巴比倫管轄範圍，這樣，無可避免，會有以色列人會與異族通婚，但錯就錯在，婚姻所產生的後裔是說亞實突話。亞實突是非利士人的城市，這些人所說的應是一般外邦的迦南語。猶大所說的話則是聖經希伯來語。

兒女們不會說猶太話 (13:24)，不僅是語言問題，也是以色列民族身分的問題，試問沒有了自己的語言，他們如何明白神的話，他們的思想會漸漸被侵蝕，他們會被異教化。這一代的妥協，會產生極嚴重的信仰危機。

經文： 那些日子，我也見猶大人娶了亞實突、亞捫、摩押的女子為妻。他們的兒女說話，一半是亞實突的話，不會說猶大的話，所說的是照著各族的方言。我就斥責他們，咒詛他們，打了他們幾個人，拔下他們的頭髮，叫他們指著神起誓，必不將自己的女兒嫁給外邦人的兒子，也不為自己和兒子娶他們的女兒。（尼 13:23-25）

默想： 說話代表人們選取的文化。舊約聖經常提到異族通婚會立即帶來對神不忠的文化，在猶太人來，文化不單是言語、行為和生活模式，也包括了他們的信仰。如果，與異族通婚，使他們歸向以色列的神，就沒有問題；但如果婚姻使猶太人對神不忠，使猶太人傾向外邦神，就會帶來問題。今日，我們要重視我們的家庭文化，要使家人和家庭都過一個分別為聖的生活，專一信靠神。

⑥ 蕭牧師

日期：2011 年 8 月 14 日　　　經文：路加福音 16 章 10 節

　　老信徒的教會有一位蕭牧師，他一出世即喪父，童年又喪母，加上體弱多病，生活飄零。其後，日軍侵華，他十二歲乘小船，經四日三夜來了香港，寄居於香港的遠親家裡。因言語不通，人地生疏，只能充當學徒。但他不甘於此，他決定做好自己，白天工作，晚間讀書。其後更經營一些小生意，賺了點錢。後來，碰到昔日同窗，這位同窗正修讀神學，於是，1951 年蕭牧師隨同窗到長洲聚會，被講員深深觸動，認識了主耶穌，並決志跟從祂。信主不久，他便被呼召進入神學院，學院也破例讓他入讀。1954 年，神學畢業前半年，他被邀請到黃大仙康樂村協助福音工作，他深被感動。於是，他仗著一位宣教士的五元奉獻，在康樂村租了一石屋，創立了一間教會，現已發展成一個龐大的宗派，擁有多間教會、學校和服務機構。他不但對神忠心，也對每一件小事都忠心及認真，深得人景仰，然而，沒有人知道他是何等的忠心！

　　2010 年，他主懷安息，殯儀館內外萬人空巷，安息禮拜也要舉行三場才能完滿結束。每次當主禮人述史，緬懷他的過去，總有些新發現，例如，雖然教會一直待他不薄，但他生活艱苦，也沒有太多的積蓄，他的錢財究竟去了那裡？沒有人知曉。然而，在他身故後，他的教會不停收到從四方八面的來信，遠至中國內地和泰國北部也有，多謝他過往金錢上的奉獻，奉獻的數目甚至遠超過他日常的薪金。更特別的是，有一間泰國教會寫信給教會，問他們為何停了恆常的奉獻，相信這一直是蕭牧師自己拿錢出來，用教會名義奉

獻，教會也沒有人知曉。他沒有計較自己的錢財及福利，終一生只是為教會及信徒，他曾經收過一筆遺產，他卻拿出來給教會購堂。大家也是在安息禮拜才知曉這些事！

經文：人在最小的事上忠心，在大事上也忠心；在最小的事上不義，在大事上也不義。(路 16:10)

默想：蕭牧師是神忠心的僕人，他做過很多大事，信徒們都知道，但他也做過很多小事，沒有人知，卻處理得很好！今日，我們要效發神的僕人，在小事、大事上忠心！

⑦ 告解軟件 [17]

日期：2013 年 5 月 26 日　　　經文：啟示錄 2 章 5 節

　　老信徒認識一間電腦軟件公司，名為「牧師與 PC」，他們遠 1986 年成立，專為神職人員及信徒提供電腦技術，他們開發了很多創新的軟件，包括聖經遊戲的軟件、宗教日子的軟件、投影機的軟件、代替人手去響教堂鐘的軟件、控制教堂燈光和空調的軟件等。最特別的是一個「告解軟件」，這套軟件儲存了二百多種罪行，信徒只需在熒光幕上，選出自己所犯的罪，電腦就會教他們念那一段禱文來贖罪。這套軟件騰空牧者的時間，讓他們可以有時間去處理其他事務。除非信徒所犯的罪在電腦中沒有記錄，他們才需要找牧者來處理。不過，這樣處理罪的方式是否可以幫助教友恨惡罪呢？

經文：所以，應當回想你是從哪裏墜落的，並要悔改，行起初所行的事。你若不悔改，我就臨到你那裏，把你的燈臺從原處挪去。(啟 2:5)

默想：「悔改」不是機械式的認罪，是有與罪惡一刀兩斷之意，要悔，也要改。代表要作出改變的行動，行動就是「行起初所行的事」，即回到當初的熱誠，愛神、愛人、事奉及傳福音。

17　德國通訊社撮譯：〈教會傳道步向電腦化〉(香港：明報，27/2/1995)。

⑧ 教會很好

日期：2013 年 5 月 26 日　　　　經文：羅馬書 12 章 1-2 節

當老信徒做神學生的時候，到一間教會實習，這間教會多年來沒有增長，出現很多問題，於是他決定在神學畢業撰寫論文時，研究這類教會。在他實習完結時，他走去訪問這間教會的主任牧師，問他覺得教會如何？有甚麼問題或牧養上的缺失正在面對？殊不知主任牧師表示，他們的教會很好，沒有問題！於是他再問其他傳道人，他們也是這樣說：「沒有問題！教會很好！」再問執事，也是這樣的答案！老信徒很不服氣，又再找了另外兩間類似的教會再做訪問，發覺牧者給他的答案也是一樣：「沒有問題！教會很好！」於是他不再訪問了，因為他開始明白原來這些教會的問題，就是他們總是以為自己已經做得很好，不肯面對問題，不肯尋求進步。

老信徒也回想起他自己的教會，開始的時候是由總堂差遣弟兄姊妹來植堂建立教會，這群年輕的弟兄姊妹一心做基層工作，並看中了一個舊區的 Band 3 中學，憑藉總堂的資金，在那中學附近購置了一個二千呎的地方為堂址，開展了學校及社區的福音工作。十年後，創堂的弟兄姊妹在工作上有所發展，收入增加，成為社會上的中產階級，而教會亦由幾十人，發展至接近二百的教會，當中甚多來自那間中學的學生，地方似乎已不夠用。於是有一次會員大會，有人提出要搬地方，領袖們提出三個方案，第一是移師學校；第二是月購買另一個更大的地方發展；第三是租鄰近的酒店聚會。有人表示學校工作是教會的異象，但當大家知道學校的禮堂是沒有冷氣，這議案很快便被否決。會議決定移師酒店聚會，並且有人提出，教

會要考慮經濟，應放棄基層及學生福音工作，改以中產為目標對象。最後，一些仍忠於最初異象的弟兄姊妹就離開了。教會轉向中產發展，事工著重舒適，弟兄姊妹不再拋頭露面地傳福音，不會街頭佈道，不會上門派單張。又過了十多年，教會回落至一百人左右。牧師在堂慶時，竟說：「教會很好，他很滿意教會現時的情況，希望教會不要再大，他擔心管理不了。」老信徒疑惑：他們當初的愛心去了那裡。就是有起初心志的信徒離開了，牧者也覺得無所謂。他們是否需要更新！

經文：所以，弟兄們，我以神的慈悲勸你們，將身體獻上，當作活祭，是聖潔的，是神所喜悅的；你們如此事奉乃是理所當然的。不要效法這個世界，只要心意更新而變化，叫你們察驗何為神的善良、純全、可喜悅的旨意。(羅 12:1-2)

默想：今日的信徒初信時，也會充滿對神的熱誠，日子久了，可能就會事事因循，讀經、祈禱和聚會都變成一種習慣，信仰和生命分割開了。所以要不停更新自己的心思意念，叫我們可以一生按神的旨意而行！

⑨ 大學炸彈客

日期：2014 年 4 月 06 日　　　經文：但以理書 1 章 10-13 節

　　有一年，老信徒的教會面對「佔中」和「反佔中」的爭辯，信徒怪責教會怯於為信仰發聲，然而信徒也是一樣，我們經常遇見一些與信仰違背或不公義的事情，為避免麻煩，或為避免衝突，都噤若寒蟬。其實，為真理發聲，是一種見證！

　　不過，在壓力下，要堅持自己的信念發聲，不是一件易事。老信徒記得一件新聞，是在美國發生。有一名「大學炸彈客」，有十七年的時間，專以包裹炸彈對付科學家及學院人士，引致三死二十三傷。美國當局一直都抓不到他。這名大學炸彈客就在網上發表一篇三萬五千字的反科技宣言，以解釋自己的行為。當《紐約時報》和《華盛頓郵報》登出了那份宣言，紐約的社工人員，四十六歲的大衛・卡辛斯基閱讀後，覺得裡面的措詞與意見十分熟悉，好像與五十四歲哥哥泰德的看法十分類似。泰德是哈佛出身的數學家，蔑視現代工業社會，隱居在蒙大拿州的山中小屋。大衛十年沒有見到他了。

　　大衛掙扎了很久，在 1996 年告知聯邦調查局，於是聯邦探員逮捕了他哥哥。檢察官後來判他死刑。大衛想到自己可能害死了哥哥，痛苦萬分。而且，泰德在庭上不認弟弟，在獄中寫作稱大衛是「猶大」。此事對大衛有不可磨滅的人生印記。雖然大衛預知這後果，但他仍因著他的信念而堅持發聲。最後，他不但奔走促成兄長免於死刑，也為廢除死刑而發聲。並為哥哥的罪行道歉，也將司法

部給他的百萬美元破案賞金，捐給因兄長罪行而受害的人。他堅持信念，在壓力下，並不緘默，仍勇於發聲。這就是他的見證！

經文：太監長對但以理說：「我懼怕我主我王，他已經派定你們的飲食，倘若他見你們的面貌比你們同歲的少年人肌瘦，怎麼好呢？這樣，你們就使我的頭在王那裏難保。」但以理對太監長所派管理但以理、哈拿尼雅、米沙利、亞撒利雅的委辦說：「求你試試僕人們十天，給我們素菜吃，白水喝，然後看看我們的面貌和用王膳那少年人的面貌，就照你所看的待僕人吧！」（但1:10-13）

默想：太監長拒絕但以理的要求，可是但以理沒有放棄，於是他轉移向太監長手下的一名官員發聲，反映出但以理決心在污穢的環境中持守聖潔和見證神。自猶大滅亡以後，耶路撒冷聖城，聖殿等都被毀。有些人懷疑神的存在或權能。許多人不再對信仰堅持。今日，耶穌已離世升天，我們看不到神。生活在壓力下，我們可能會放棄信仰。今日的基督徒應該有昔日先知的功能，勇於站出來為與信仰有關之事發聲。

⑩ 鼻咽癌檢查

日期：2015 年 6 月 7 日　　　　　經文：申命記 28 章 12-14 節

　　老信徒父親的家族有多人曾患鼻咽癌，父親五兄弟姊妹中，三個都曾患上此病，加上老信徒自小體弱多病，又經常咳嗽，所以家人經常為此擔心。

　　有一年，老信徒申請參與一個中大鼻咽癌檢查計劃，計劃以抽籤形式選出參與者，是次抽籤，老信徒沒有被選上。一個月後，他收到電郵，因有人退出，餘下少量餘額，若他有興趣檢查，就立即回覆電郵，先到先得。於是他立即回覆，並收到通知，可以在星期日十一時半檢查，而地方卻未落實。然而，老信徒當日十一時要在青衣講道，事出倉卒，沒有辦法可以更改。故老信徒嘗試致電中大詢問，看看有沒有辦法更改日期或時間，但負責的職員表示，所以檢查的日期、時間和地點是電腦編定的，不能更改的，叫老信徒留意往後的電郵。老信徒心想：當日講道題目正正是蒙福，此事何福之有，為何神竟這樣安排呢？

　　過了幾小時，立即再收到電郵，地方是青衣，時間卻改為九時四十五分，老信徒頓時明白，只要我們遵行神的吩咐，神一定賜福。

　　然而，老信徒還有擔憂，因他怕血，曾經試過抽血抽半小時也抽不到，是次檢查會抽血，他擔心會影響之後的講道。於是他先問問一些朋友，他們將鼻咽癌檢查說到十分恐怖，老信徒只好懷著戰兢的心情赴會。當日，果然需要抽血，由於老信徒太過緊張，工作人員找了很久，也找不到血管。那工作人員說先幫他檢查，又與他

傾偈，叫老信徒放鬆，並叫他轉身不要望。突然，那工作人員說：「抽好了」。感謝主，神給了老信徒一個很好的工作人員。而且，他發覺，原來這個檢查十分昂貴，老信徒因抽中，所以免費。

我們常以為，基督徒的際遇一定比非基督徒差。正如老信徒有一次碰到一個基督徒的朋友，他身邊坐著一個行政總裁 (CEO) 的朋友，[18] 從那基督徒介紹，那行政總裁讀書了得，會考和大學入學試科科都是 A，大學畢業後，很快就成為一間上市公司的行政總裁，年薪超過八位數字，而且，還有一間跨國大集團看中了他，準備了三倍薪酬撬他過去，成為大集團的行政總裁。老信徒心想，那基督徒會考科科只是 D，入不到大學，面對這個行政總裁的非基督徒，他會不會鑑介？或是想藉他找份工作？或向他借貸？

原來老信徒的基督徒的朋友正是想撬他過來的大集團的老闆！

> 經文：耶和華必為你敞開天上的寶庫，按時降雨在你的地上。祂必賜福你手裏所做的一切。你必借給許多國家，卻不必去借貸。你若聽從耶和華－你神的誡命，就是我今日所吩咐你的，謹守遵行，耶和華就必使你作首不作尾，居上不居下，只要你不偏左右，不背離我今日所吩咐你的一切話，也不隨從別神，事奉它們。(申 28:12-14)

---

18 Carol：《成績，重要嗎？》(WOW!,3/1/2015)，http://wow.qooza.hk/p-6993?ref=hot-sb (22/05/2015)

默想：敬虔的基督徒必定蒙福，而且是居上不居下。聖經教
導我們，福氣因我們順服會追著我們，萬民又因福氣
而敬重我們。而得福的條件就是遵行神的吩咐。要遵
行神的話語，就必須認識神的話語，要認識神的話語，
就要勤讀聖經。從今天開始，我們要建立每天讀經的
習慣。

九.
老信徒的傳福音

① 監獄佈道

日期：2008 年 6 月 22 日　　　經文：彼得前書 2 章 5-7 節

　　2004 年有一段時間，老信徒參與了香港基督教更新會的監獄佈道，定期去壁屋監獄作佈道工作。經過了一星期的訓練，終於第一次出發去佈道，大家約了在彩虹地鐵站等候，共有四人，由一個資深的傳道同工帶隊，加上三位義工。由於其中一位義工在一兩天前已知會有事，未能出席，總數仍然有三人。當日，老信徒到了彩虹地鐵，找到另一個義工，那時那位傳道致電前來，說患了重病，不能出席。不過，那來到了的義工說：「不要緊！」他本負責領詩，他說可以代替，兼負信息的部份。通常聚會約十至二十人，整個聚會約一個半小時，包括詩歌、信息和分組傾談，那義工基本上負責了所有程序，老信徒頓時鬆了一口氣。

　　不過，在車內，那義工對老信徒說，他倆去佈道的壁屋監獄，因犯多數是 II(Illegal immigrants)，即非犯入境者，他們都是說普通話的，那義工完全聽不懂或說不到普通話，他叫老信徒到時為他即時翻譯。可是，老信徒連普通話三個字都說不準，又怎去為他翻譯。不過，從對話中，老信徒發覺，他的普通話應該比那位義工好。於是，在聚會中，老信徒就擔起翻譯的工作。出乎意料之外，因犯在聚會中反應非常之好，大部份因犯完了之後，都不願返回監倉，留下來和他倆傾談，記得多名因犯向他倆說，他們雖然不信，但他們聽了之後很感動，老信徒問他們明不明白剛才他倆說甚麼，他們一直說「明」，卻說不出剛才他倆人說了些甚麼。

　　到了下次，多了一位普通話流利的牧師同來，當牧師呼召的時候，竟然大部份人決志相信了耶穌，當個別陪談的時候，他們都異口同聲地讚老信徒倆人上次講得十分好，讓他們明白耶穌是誰。說實話，真的要將榮耀歸神，那次老信徒倆人主要是講的是約拿書，並沒有談及耶穌基督。

經文： 你們來到主面前，也就像活石，被建造成為靈宮，作聖潔的祭司，藉著耶穌基督奉獻神所悅納的靈祭。因為經上說：「看哪，我把所揀選、所寶貴的房角石安放在錫安；信靠祂的人必不至於羞愧。」所以，祂在你們信的人就為寶貴，在那不信的人有話說：「匠人所棄的石頭已作了房角的頭塊石頭。」(彼前 2:5-7)

默想： 不是他倆講得比別人好，只是耶穌在那些囚友心裡動工，讓他們從心底裡面信靠耶穌。今日，我們都是信耶穌，信耶穌使我們一起彼此委身；信耶穌，亦使我們一起從心底發出信靠，讓人可以毫無疑惑地一起跟隨耶穌。弟兄姊妹，你們是這個團契的一員，大家會彼此委身，關心對方的需要，但也要關心對方屬靈上面的需要，使你們可以因著耶穌，可以一起信靠祂，毫無疑惑地一起傳揚祂。

② 看不清自己

日期：2008 年 6 月 22 日　　　　經文：馬可福音 2 章 10-12 節

　　老信徒的教會是坐落於一座多層式的商住兩用大廈，當他們植堂了一段時間，與大廈的街坊熟絡，就開始登門探訪大廈的街坊，做起一些佈道的工作。不過，老信徒開始發覺，街坊對教會弟兄姊妹的印象不大好，覺得教會的人經常目無表情，十分冷漠，愁眉苦臉。教會執事會知道這個消息，於是就成立一個委員會去研究此事，希望找出一些解決方案。

　　委員會連同老信徒有四人，經過一番調查、研究及討論，得出了四個方案，第一位姊妹認為是教會的崇拜及聚會出了問題，於是建議一系列改善聚會的方案。第二位弟兄認為中國人是較為冷漠，弟兄姊妹的表現沒有問題，只是大廈的街坊對教會有誤解，以致有過份的期望，故此建議教會多向大廈的街坊宣傳，介紹教會及基督教的信仰。第三位姊妹則認為弟兄姊妹的表現沒有問題，街坊的期望也是正常，故此建議教會不需要做任何的事情，讓現狀繼續下去好了。最後，老信徒提議教會出錢，分別在大廈的大堂和升降機內安裝兩面鏡子。結果，弟兄姊妹的表現得到改善，街坊對教會也另眼相看。

　　原來自從教會裝了面鏡子後，弟兄姊妹回來時，總會照一照。弟兄姊妹信主多年，明白要彼此委身，明白要信靠耶穌，明白要向人見證。每次返到教會，他們會努力去見證神，他們以為自己做得很好，殊不知他們也看不清自己，問題不在於工作 (doing)，在於

自己 (being)。只是教會一裝了面鏡子，對著鏡子，他們就明白自己的不足，能再次面對自己，改善自己的態度，就像馬可福音提及的癱子一樣，努力去回應，並且見證神。

經文：「但要叫你們知道，人子在地上有赦罪的權柄。」就對癱子說：「我吩咐你，起來！拿你的褥子回家去吧。」那人就起來，立刻拿D褥子，當眾人面前出去了，以致眾人都驚奇，歸榮耀與神，說：「我們從來沒有見過這樣的事！」(可 2:10-12)

默想：我們在世生活多年，可能已經十分疲累，看看我們每一天的生活，早上上班好像不夠睡，晚上回家拉著疲乏的身體回家，身子似乎已經沒有力氣再動。偶爾在街一望，就看出很多人的身體和心靈都何等枯乾，這當然包括許多基督徒在內。當耶穌要醫治我們的時候，可能我們也感到沒有力量去回應，也沒有力量去見證祂，起來更新自己是我們首要的事。

③ 舞臺

日期：2008 年 7 月 13 日　　　經文：馬太福音 13 章 18-23 節

　　有一次，老信徒和鄰居到動物園遊玩，他們看見籠中的小駱駝，鄰居就問老信徒：「為甚麼駱駝的睫毛那麼長？」老信徒回答說：「當風沙來的時候，長長的睫毛可以讓駱駝在風暴中都能看得到方向。」鄰居又問：「咁勁！那麼，又為甚麼駱駝的背那麼駝和厚！」老信徒又回答說：「這個叫駝峰，可以幫駱駝儲存大量的水和養分，讓駱駝能在沙漠裡行走，耐受十幾天無水無食而生存。」鄰居又問：「真係勁！那麼，又為甚麼駱駝的腳掌那麼厚？」老信徒又回答說：「那可以讓駱駝重重的身子不至於陷在軟軟的沙子，便於長途跋涉啊！」

　　鄰居極欣賞地說：「嘩，原來駱駝咁勁，咁有用啊！」老信徒就反問：「牠們咁勁，你估牠們自己知不知呢？」鄰居回答：「係人咁勁，自己都知啦！我們都知，駱駝牠們當然知！」於是，老信徒又問：「為甚麼牠們咁勁，牠們也知道自己勁，現在還在動物園呢，不在沙漠遠足呢？」

　　駱駝咁勁，要在沙漠中行走才有用。加爾文說過：「世界就是神榮光的舞台」，所以我們活在世界之中，就有責任彰顯神的榮美。作為一個信徒，不單在教會，也必須在世上每一個角落，活出主的樣式，不單要聽道，也要行道，才能充分發揮他在世的影響力。

經文： 所以你們當聽這撒種的比喻。凡聽見天國道理不明白的，那惡者就來，把所撒在他心裡的，奪了去‧這就是撒在路旁的了。撒在石頭地上的，就是人聽了道，當下歡喜領受。只因心裡沒有根，不過是暫時的‧及至為道遭了患難，或是受了逼迫，立刻就跌倒了。撒在荊棘裡的，就是人聽了道，後來有世上的思慮，錢財的迷惑，把道擠住了，不能結實。撒在好地上的，就是人聽道明白了，後來結實，有一百倍的，有六十倍的，有三十倍的。(太 13:18-23)

默想： 耶穌叫門徒，「有耳可聽的，就應當聽。」(13:9)，又對他們說：「你們當聽這撒種的比喻。」(13:18) 雖然這些都可能是猶太人的慣用語，為要喚起聽道者注意耶穌所說過的話（11:15，13:43），但這裡強調不僅要明白，而且還要身體力行。不知道大家如何看聽道？是明白？是接受？是行道？是委身堅持？是與俗世對衡？或是只是聽過就算了。當主日崇拜一完，一回到自己生活的現實中，道就已經忘記，再沒有影響力了。

④ 碎金莎

日期：2008 年 7 月 26 日　　　經文：羅馬書 5 章 12、19 節

　　2008 年，老信徒在一個青少年的福音營內擔任導師及講員，當晚的佈道會內，他拿了幾盒的金莎朱古力出來，問大家：「大家想不想吃金莎？」大家當然回答：「想吃！」於是老信徒在舉手的人中選了一個女孩子。他邀請那女孩人出來，並對他說：「應承了就要吃，無論怎樣，也要吃！」女孩子應允了。

　　跟著，老信徒再問大家：「人人都想吃金莎，不過大家記不記得上年金莎的故事？」於是，他找一個會眾去講講上年的故事：「上年有一位朋友叫泓仔，他被選了出來，他一早知道他自己沒有金莎吃，但他竟然為我們，以三下掌上壓去換一粒金莎，讓我們得著金莎。雖然他很辛苦，但他始終做下去。泓仔所做的，就如主耶穌為你們所做的一樣，耶穌十分順服，順服到死。金莎不是人們應得的，可是，人們心裡卻沒有存著感謝的心，去領受神為他們所作的。」

　　聽到這裡，女孩十分擔心，老信徒於是說：「今次吃金莎是沒有條件，因為耶穌已為妳擺上了。」老信徒再向女孩確實：「吃不吃金莎？」沒有條件，女孩當然應允。正如亞當和夏娃，神創造他們後，叫他們不要吃分辨善惡樹的果子，但他們仍然吃，今日，經老信徒警告，女孩仍然沒有改變主意，繼續想吃。

　　於是，老信徒將一粒金莎放入在保鮮袋內，當場用鞋踏碎一些金莎，向女孩說：「我沒有說過給妳前，如何處理這粒金莎，但妳應承了，就要吃。」女孩滿臉難色，於是老信徒又說：「應承了，

要吃，不過可以給你揀！」原來老信徒預先吩咐一些弟兄準備了一些金莎，並用不同的方法去弄碎這些金莎。那些弟兄一個一個拿那些金莎出來，並當場說出來他們弄碎的方法，令人嘔心。

女孩因著要吃金莎的決定，所以她要面對這些金莎的選擇。人也是一樣，因為人的決定，所以要面對罪。人面對罪，顯得束手無策，於是人往往嘗試在人類中找救星！老信徒問：「有沒有人願意代替她吃這些金莎？」有一位預先安排好的弟兄自告奮勇，為這女孩吃這些金莎，可是當他吃了一啖，立即嘔吐回保鮮袋，老信徒將這金莎連嘔吐物的保鮮袋，放在碎金莎一起，女孩還要多吃一粒金莎。

老信徒再問：「有沒有人願意代替她吃這些金莎？」又向女孩說：「妳的好朋友呢？叫他代你吃！」再沒有人出聲，也沒有人再願意為她犧牲！

神創造人類原是美好的，因著罪，人及世界被扭曲，人被罪惡所捆綁。加上罪惡越來越多，罪的工價乃是死，人類無法自救，可是人類真的想救自己脫離罪惡，卻沒有人可以代替別人受死。正如金莎是好的，但現在再沒有人想吃。而且沒有人願意為女孩吃這些金莎。

> **經文：**這就如罪是從一人入了世界，死又是從罪來的；於是死就臨到眾人，因為眾人都犯了罪。…因一人的悖逆，眾人成為罪人；照樣，因一人的順從，眾人也成為義了。(羅 5:12，19)

默想：耶穌沒有罪，為愛我們，甘願為我們犧牲，而且擔當
了我們所有的罪。我們需要主耶穌犧牲，才得著救恩。
只有主耶穌愛我們，才願意為我們死。今日，人的愛
還是不完全，人面對這些金莎，還是不願意吃。但耶
穌的愛是完全的，祂愛我們，甚至犧牲自己的性命。
願意每個人都可以回應耶穌白白給我們的愛。

⑤ 綁架受害者的愛

日期：2009 年 3 月 15 日　　　經文：約翰一書 4 章 19 節

　　老信徒在 1995 年看到一則綁架案新聞，就是一名女受害者和她四歲女兒被綁架，最終被救回，警方亦將綁匪繩之以法。當綁匪被判刑後，女受害者因感到被告判刑太重，主動去信上訴庭，要求覆核被告刑期，結果上訴庭將曾綁架她的被告減刑一半，由入獄十四年減至七年。聞判後，她只說了一句：「感謝主」。只在案中相遇了一個多小時，受害人便已決定負起向被告傳福音的使命，並在被綁時不忘「講耶穌」，三十五歲的被告在受害人的感染下，現在已成為一基督徒。

　　老信徒也回想起當年另一則新聞，就是一位寡婦說服美國法庭殺人犯束手就擒。在美國亞特蘭大，被控強暴的犯人尼可斯，在出庭時，因為知道法官可能判他有罪，奪下法警配槍，當庭槍殺法官、書記官和法警，後逃亡。其後闖入一戶民宅，劫持 26 歲的寡婦媽媽艾胥莉 · 史密斯（Ashley Smith）作為人質。史密斯的丈夫2001 年遭人刺死，兇手一直沒抓到，史密斯有一個小孩，她本犯不著這樣冒險，但她真心愛這未信者，她希望他能活著走出去。

　　在聖靈的感動下，她拿起手邊的《標竿人生》這本書，打開她讀到的 33 章，開始讀，當她讀完後，那兇手尼可斯就說：「等一下，妳可否再讀一次嗎？」33 章為〈真正的信徒如何行事〉，以基督教的觀點探討人生的目的。 尼可斯在七小時的挾持期間，問她應該怎麼做？她叫尼可斯：「應該自首。因為你不自首，會有更多人喪命，

你自己也終將喪命,這是我不願意見到的」。

　　史密斯年少也有輕狂的時候,曾經因順手牽羊被逮捕,緩刑一年。她曾經歷神的愛,願意回應神的心意,將福音傳到尼可斯,甚至獄中的囚犯。她叫尼可斯遵從神的旨意,說:「你的奇蹟在於,你需要被捕、入獄,和所有在獄中的人分享神的訊息。」最終,尼可斯被史密斯和她的信仰感動,於是向警方自首。

經文:我們愛,因為神先愛我們。(約一 4:19)

默想:神曾經為你們降生、受苦、死亡,以至復活,你們願不願意像這些被綁架者一樣,去回應神的愛,去愛身邊每一個人?你們是怎樣回應神,你們願不願意盡心、盡性、盡力愛祂呢?

⑥ 老信徒的福音對象

日期：2011 年 3 月 27 日　　　經文：路加福音 10 章 33-37 節

　　老信徒的教會十分喜愛傳福音，所以每個星期教會都鼓勵會眾在崇拜前，下樓派單張，碰巧在教會街尾的教會也是在星期日早上派單張，由於行人總是由街頭進入，所以他們的弟兄姊妹也會移師至老信徒教會樓下派單張。因此，兩間教會漸漸形成了很大的競爭，時常因為福音對象而起衝突。

　　有一個星期日的早上，又是一起派單張的時間，當街尾教會的一位弟兄看見一位衣著光鮮的新朋友，正在張望，好像尋找教會參與崇拜，於是上前問他是不是找教會，他說是，那弟兄就二話不說，拉著他，叫他上他街尾的教會。剛巧老信徒走過來，好像不肯「執書」，也請他上去自己的教會。那男士詢問了兩間教會的名稱後，就表示要上去老信徒的教會。於是兩位福音戰士就為此爭吵起來，最後勞煩兩位教會的牧者出來調解，不過，兩間教會的牧者也並不相讓，都堅持要那位新朋友去自己的教會。

　　老信徒的牧者表示對方既然要上老信徒的教會，當然是去老信徒的教會。但是，街尾教會的牧者也很氣憤地堅持，責備老信徒為何與他們搶羊，為何那新朋友一定要去他的教會。老信徒教會的牧者輕描淡寫地說：「他一定要去我們的教會，因為他不去，我們今早崇拜就沒有了講員，他就是我們的講員！」

經文：「惟有一個撒馬利亞人行路來到那裏，看見他就動了慈心，上前用油和酒倒在他的傷處，包裹好了，扶他騎上自己的牲口，帶到店裏去照應他。第二天拿出二錢銀子來，交給店主，說：『你且照應他；此外所費用的，我回來必還你。』你想，這三個人哪一個是落在強盜手中的鄰舍呢？」他說：「是憐憫他的。」耶穌說：「你去照樣行吧。」（路 10:33-37）

默想：細心思想，有時我們甚至連其他教會、或其他信徒，都當成我們的仇敵！

⑦ 傳教士的早安

日期：2011 年 8 月 27 日　　　經文：路加福音 19 章 7-10 節

　　某日，老信徒在報章上，看見一個富豪的新聞，她姓龔，十分富有，卻沒有朋友，她丈夫遺留下來大筆遺產，各人為爭奪遺產，弄至眾叛親離，沒有一個人關心她。但是，報導說，突然有一個男士非常關心她，與她嬉戲，又和她燒銀紙作樂，縱然那男士有些哨牙，為人不甚聰明，卻叫阿聰。於是，那姓龔的富豪甚麼也給他，甚至連整副身家也表示要給他。老信徒以為現實沒有這等事，但居然真的有人因別人的關愛，而感動。

　　這讓老信徒記起一個發生在第二次世界大戰前的真實故事。在德國，有一個猶太傳教士，每天清晨都外出散步。無論碰見甚麼人，不管認識或不認識的，他都熱情親切地打一個招呼，說一聲「早安」。一些不認識他的人，最初都沒有甚麼反應，但他還是照樣地打招呼。久而久之，有些人也會回應還禮，說聲「早安」。有一個德國年輕人，大抵是中學生，懷有德國人敵視猶太人的傳統心理，即使天天遇見這個傳教士，總是一臉冷漠，毫無反應，連目光也不接觸。但是，這位傳教士毫不介意，還是那麼熱情親切地向他打招呼。像耶穌對撒該一樣。

　　過了幾年，納粹黨上台執政。猶太人被送往集中營，傳教士當然也不例外。他們列隊到火車站，乘火車到集中營去。在火車站，一名年輕軍官，揮動著棒子拿著名單點名。每叫出一個名字，便揮動棒子向左指或向右指，那人便要隨棒子的方向走。當傳教士來到

那軍官面前，抬頭一望，發覺那軍官，就是以前每天清晨散步時，都遇見的那個年輕人。他們目光相碰，傳教士習慣地不由自主地點點頭，說一聲：「早安」。那軍官一愕，定睛看著他，神情仍是那麼冷漠，卻猶豫了一剎那。傳教士前面的一個是指向左的，對他本應指向右邊，但卻被指向左邊。傳教士在火車上，目送那揮動著棒子點名的軍官的側影遠去，不知自己為甚麼被指向左邊。

　　大戰結束，集中營解散了，傳教士仍活著，回到鄉村來。打探一下，原來被分配右邊的集中營的人，無一生還，他們早已被計畫要折磨至死的。原來就是這傳教士的一聲「早安」，讓那年輕的軍官感受到耶穌的愛，改變了軍官的生命，也改變了傳教士的性命。

經文：眾人看見，都私下議論說：「他竟然到罪人家裏去住宿。」撒該站著對主說：「主啊，我把所有的一半給窮人；我若勒索了誰，就還他四倍。」耶穌對他說：「今天救恩到了這家，因為他也是亞伯拉罕的子孫。人子來是要尋找和拯救失喪的人。」(路 19:7-10)

默想：耶穌的愛，從一句說話，就讓人感受到，也叫人生命得著改變的，故事中的傳教士。由於他愛主耶穌，願意效法耶穌去熱愛每一個人，即使向別人打招呼時，別人沒有回應，他依舊照樣去做。他的生命也帶來別人的改變，這個忘我的精神是值得我們學效的。

⑧ 忘記了需要

日期：2012 年 3 月 17 日　　　　經文：使徒行傳 3 章 7-10 節

　　有一次老信徒和他太太逛街的時候，他太太說她頭痛到快要死了。於是老信徒和她進入了一間大型百貨公司，想買頭痛藥物。可是，公司內的貨品實在十分吸引，他太太忘然地行了兩個多小時，她沒有再提及過頭痛，也沒有再說要買頭痛藥。當離開百貨公司時，老信徒問她：「妳不是要買頭痛藥嗎？」她摸摸她的頭，就說：「忘記了！」不知是忘記了頭痛，還是忘記了買頭痛藥？那時，她又說：「頭痛得要死了！」外間的事物的確很容易讓人忘記自己真實的需要，甚至是身體上的需要。

　　老信徒發現，大部份人都不明白自己和別人的需要，就算是送禮物，都不是按人需要而作，以致「完全浪費金錢」，甚至損害全球經濟。很多人為求送禮而拖欠卡數。有研究指出聖誕節這季節的禮物通常不是人的需要，[19] 以致人收到一份價值十美元的聖誕禮物，收禮者不需要它，又以為它只值八美元，就將這份禮物另送他人，新主人又不需要它，就以為它只值六美元。以此推算，美國人每年聖誕的 700 億美元 (約 5460 億港元) 送禮開支，有兩成，多達 140 億美元 (約 1092 億港元) 被浪費，全球被浪費的禮物費更高達 280 億美元 (約 2184 億港元)。送禮物者完全不是按需要而做。世

---

19 美國明尼蘇達大學應用經濟學教授瓦爾德福格爾（Joel Waldfogel）的研究，《美研究：聖誕禮物損全球經濟》(明報)，http://hk.news.yahoo.com/ 美研究 - 聖誕禮物損全球經濟 -211530161.html (26/12/2011)

人就是這樣，他們不明白自己需要，只沈迷於世俗的看法和物質上的渴求，他們需要信徒去喚醒他們。

經文： 於是拉著他的右手，扶他起來；他的腳和踝子骨立刻健壯了，就跳起來，站著，又行走，同他們進了殿，走著，跳著，讚美神。百姓都看見他行走，讚美神；認得他是那素常坐在殿的美門口求賙濟的，就因他所遇著的事滿心希奇、驚訝。(徒 3:7-10)

默想： 對於美門的乞丐，身體遠較物質更為重要。可惜他經過這麼多的日子，可能已經忘記了自己身體的需要。事實上，這是人的通病，人經常記不起自己真實的需要。彼得吩咐那人起來行走，就是給予他身體上的醫治。身體的醫治是乞丐最需要的，因此信徒給予別人的，應是別人最需要的東西。世人最需要的就是救恩，我們有沒有想過將救恩的禮物送給別人呢？

⑨ 絕望的阿漢 [20]

日期：2012 年 3 月 17 日　　　　經文：使徒行傳 3 章 3-6 節

　　老信徒認識一位印度人阿漢，他患有自閉症，但心地善良，待人真誠。母親死後，他來港投靠已移民的弟弟，因緣際會，與一位美麗的單親媽媽結婚，組織新家庭。本來三口子生活美滿，但人生無常，發生了 911 事件。加上阿漢的膚色，讓他以及家人飽受歧視及欺凌，夫婦更因此出現芥蒂和嫌隙。

　　她太太在心力交瘁之餘，再無法負擔，因而叫他離開。但天真爛漫的阿漢便問太太說，他幾時才可以回來？太太賭氣的說，除非阿漢能見到香港特首，在他面前以廣東話說一句：「我的名字叫阿漢，我不是恐怖份子。」就是這樣，阿漢便展開了歷盡艱辛之旅。

　　阿漢為了要見到特首一面，來到一個特首將會出席的基督徒聚會，這是一個為非洲飢餓兒童籌款的餐會。門口的基督徒招待，看見他的一副寒酸相，便說餐券要四千元，希望藉此讓他知難而退。但當他掏出辛苦掙來的四千元時，接待員再說這是一個基督徒的聚會，不歡迎其他宗教信徒。阿漢絕望之餘，但他沒有強人所難的硬闖，他只是把四千元放下，說：「請收下，為那些非洲的非基督徒保存著。」

　　阿漢是一個絕望的人，他需要信徒的幫助，但信徒只選擇袖手旁觀，拒絕他，金銀有了，但甚麼也不給他。活在現實的社會，我

20　改編自 2012 的印度電影「阿漢正傳」。

們會明白，幫助人，並不單只講「義氣」兩個字，要有實際的施予，並不是「情與義」就得，電視廣告中，在唱完「情與義，值千金」後，都有兩個兄弟出來借錢給人，一個叫「安」，一個叫「信」。幫助人要實際，對人最實際幫助，就是給予救恩！

經文：他看見彼得、約翰將要進殿，就求他們賙濟。彼得、約翰定睛看他；彼得說：「你看我們！」那人就留意看他們，指望得著甚麼。彼得說：「金銀我都沒有，只把我所有的給你：我奉拿撒勒人耶穌基督的名，叫你起來行走！」(徒 3:3-6)

默想：每一天，我們都會經過一些絕望的人，他們被難阻，不能到達神的面前，他們求我們幫助，指望得著救恩，我們會不會把握這救恩的切入點，盡力幫助他們呢？我們願不願意以基督的愛他們，讓他們得著救恩呢！

⑩ 探訪的學習

日期：2014 年 4 月 06 日　　　經文：但以理書 1 章 14-16 節

　　老信徒初做牧者的時候，明白探訪的重要性，但他最怕是探訪弟兄姊妹患病的家人，特別是那些抗拒福音的人。可是，如果弟兄姊妹有家人患病，總希望牧者去探望他們。因著這是傳福音的最好機會，老信徒曾立志要做好這方面的事奉。記得有一次有位劉姊妹叫他去探她患了癌病的父親，這父親十分抗拒福音，還在病房門口，已聽到他罵他的女兒：「你估我就死咩！叫傳道人來探我。」老信徒聽罷，也真的不想和他傾談！當老信徒靠近病床時，無論他怎樣說，那父親一句也沒有回應，而且一直背著老信徒，望向窗外。但神賜給老信徒智慧，叫他轉移話題，與那父親談談窗外的情況，又叫那父親多向外望，使他可以開心一點。探望完畢，老信徒真的不想再去探望他，不過，因著他曾立志，故當姊妹再次邀請，他唯有勉為其難再去探望他，然而，這次更惡劣，進入病房前，收到那姊妹的電話，告之：她因事趕不及到醫院，老信徒只能獨個兒去見她的父親。

　　甫進入病房，整個氣氛大大不同，那父親一見到老信徒，就向他揮手，並表示，因著老信徒叫他多望窗外，他就整晚向窗外望，發覺窗外的樹木好像一個十字架，像神呼喚他。所以那父親就立即拉著老信徒的手，叫老信徒教他決志禱告。

　　又有一次有位羅弟兄叫老信徒去醫院，探他患了癌病的父親，又是差不多的情況，但這次病人十分抗拒，探了多次，至死也不信。

不過，過程中，他太太見到老信徒的熱誠，卻信了主。

又有另一次，葉弟兄的父親，老信徒探了一次，就不准他再探，連家人也十分抗拒。五年後，葉弟兄致電給老信徒，說他父親死前信了主，家人指定要老信徒做慰勉，於是當日的安息禮拜，他就好像辦佈道會一樣，傳講福音。每次探訪，都有不同的試探，叫老信徒放棄，但在壓迫中，神往往要他繼續發聲，並且要用神所賜的智慧見證神。

經文：委辦便允准他們這件事，試看他們十天。過了十天，見他們的面貌比用王膳的一切少年人更加俊美肥胖。於是委辦撤去派他們用的膳，飲的酒，給他們素菜吃。（但 1:14-16）

默想：信靠代表我們深信神仍然掌管一切，耶和華的能力不會局限於耶路撒冷或猶大全地而已，祂的能力可伸展至巴比倫，甚至地球的每一個角落。無論環境怎樣惡劣，神仍然掌管。祂比任何都為大！超乎萬有之上！

十.
老信徒的品格和罪

① 離開開端

日期：2008 年 9 月 7 日　　　　經文：希伯來書 6 章 1 節

　　一般信徒認為信了就得，「僅僅得救」就可以了，不必到教會去聚集，不需要太投入信仰，因為信已經可以得永生，「僅僅」上到天堂就可以了。

　　老信徒經常教導年青人，會考有 ABCDEF 和 U 的等級，E 已經合格了，但是，有那一個考生甘於考取一個 E 級？如果可以的話，總希望取得 A。沒有人會因為取得了一個 E 級而沾沾自喜，也沒有廣告會說：奪 E 無難度，大家都喜歡說：奪 A 無難度。

　　A 和 E 都合格，但人總會有前進的心志。當然，信徒會因為在真道上有了好的開端而滿意，但當他們明白了基本的道理後，理應離開開端，再向前進；追求長進，又領導其他信徒追求長進。

> **經文：** 所以我們應當離開基督道理的開端，竭力進到完全的地步。不必再立根基，就如那懊悔死行，信靠神。(來 6:1)
>
> **默想：** 可能大家都會說：我們現在都幾好？不過，大家記得，神如何對那取了一千兩銀子，卻沒有做過任何事的僕人，神稱他為「又惡又懶的僕人」(太 25:25-26)，弟兄姊妹，回想你們信主的日子，你們是否曾經有長進

呢？或是還停留在過往的階段，沒有多少兒改變呢？
不要說平日的日子，就是在教會的表現，你們是否仍
然停留在初信的階段呢？

② 拿糖的男孩

日期：2008 年 9 月 7 日　　　　　經文：路加福音 11 章 33-36 節

　　當老信徒還是孩童的時候，十分聰明可愛，有一天媽媽帶著他到辦館去買東西，老闆看到這個可愛的小孩，就忍不住打開一罐糖果，叫老信徒自己拿一把糖果，請他吃。

　　老信徒好像想要這些糖果，卻沒有任何的行動。於是老闆再次邀請他，但他仍然沒有任何表示，老信徒的媽媽見盛情難卻，於是伸手想替他取，但老信徒卻阻止他母親。經過幾次的邀請後，老闆無奈只好親自用手抓了一大把糖果，然後放進老信徒的口袋中。

　　回到家中，母親很好奇的問老信徒，為甚麼自己不去拿糖果，也不給她去拿，而卻要老闆親手拿，才接受呢？ 老信徒回答得很妙：「因為我的手和你的手都比他的手細小呀！而辦館老闆的手比較大，所以他拿的一定比我們拿的多很多！」

　　雖然只是個笑話，但老信徒是一個聰明的孩子，他看透擺在他眼前的環境，明白自己的不足，作出相應的行動，以致取得更多。因此明白自己的現況是很重要的。

經文：沒有人點燈放在地窖裏，或是斗底下，總是放在燈臺上，使進來的人得見亮光。你眼睛就是身上的燈，你的眼睛若瞭亮，全身就光明，眼睛若昏花，全身就黑暗。所以你要省察，恐怕你裏頭的光，或者黑暗了。若是你全身光明，毫無黑暗，就必全然光明，如同燈的明光照亮你。(路 11:33-36)

默想：信徒在前進的同時，信徒每天應反省自己的屬靈生命、教會生活和對永生盼望的堅持。只有這樣，才會明白自己的不足，而作出改進。

③ 富足

日期：2008 年 9 月 30 日　　　經文：箴言 10 章 22 節

　　　　有一次，老信徒的女兒問他：「那一個國家有王子？」 老信徒說：「很多個國家都有，最近的可能是日本！」於是女兒便對老信徒說：「我長大後要到日本！」老信徒問：「為甚麼？」女兒說：「因為我想嫁王子，所有王子公主的故事，他們都是很幸福的！」

> **經文：**耶和華所賜的福使人富足，並不加上憂慮。(箴 10:22)
>
> **默想：**除了神能給人的富足，沒有人 能給人富足。

④ 發怒

日期：2009 年 1 月 25 日　　　　經文：創世記 4 章 5-8 節

　　許多時候，人們發怒只是一時之氣，只要平伏下來，怒氣就自然消失了。記得很久以前，老信徒與一個弟兄是一對要好的朋友，對方又是他的組長。突然有一次，他在祈禱會分享他的組長如何「衰」，老信徒孭了他很多天，之後在另一祈禱會，他又說那組長如何「衰」，那時，老信徒才明白，原來他說的是他工作的公司的組長。

> **經文：**(神) 只是看不中該隱和他的供物，該隱就大大的發怒，變了臉色。耶和華對該隱說：「你為甚麼發怒呢？你為甚麼變了臉色呢？你若行得好，豈不蒙悅納，你若行得不好，罪就伏在門前，他必戀慕你，你卻要制伏他。」該隱與他兄弟亞伯說話，二人正在田間，該隱起來打他兄弟亞伯，把他殺了。(創 4:5-8)
>
> **默想：**創 4:1-8 的事件，其實沒有甚麼大不了。只是「有一日」發生的事情，該隱就發怒。套入現代的處境演繹這個故事，就是有一位爸爸有兩個廚師的兒子，哥哥是煮素菜，弟弟是煮肉餐，有一日，他們放工回家時，拿了他們煮的食物給爸爸吃，爸爸吃了弟弟的肉餐，而不吃哥哥的素菜。因著這個問題，哥哥就發怒，其實

弟弟沒有甚得罪哥哥的地方，正如聖經的亞伯都沒有
作甚麼事開罪該隱。向爸爸生氣還算有理，向神生氣
尚算有理，但是向弟弟生氣真沒有甚麼道理！

⑤ 是非

日期：2009 年 1 月 25 日　　　經文：以弗所書 4 章 25-26 節

　　多年前，老信徒在一型上市公司工作，無論上班、下班，每日皆有公司車接送。在公司車內，老信徒經常聽到許多人說人「是非」。試過有一次，聽到兩位師奶說一個部門主管的壞話，越說越大聲，也越說越憤怒。老信徒不憤地走過去問她們：「妳們是否在那部門工作？」她們答：「不是。」又問：「妳們是否認識那部問主管？」她們答：「沒有，都是聽人講！」老信徒又問：「妳們是否見過那主管？」答案也是：「不是。」

　　經老信徒連番追問，那兩位師奶就很憤怒地反問：「你是誰？我們說他，關你甚麼事？」老信徒就輕描淡寫地回答說：「我就是妳們所說的那位主管！」

> **經文：**所以你們要棄絕謊言，各人與鄰舍說實話，因為我們是互相為肢體。生氣卻不要犯罪，不可含怒到日落。（弗 4:25-26）
>
> **默想：**很多時我們發怒，事件的本質並不是重要，而且時間過了很久，可能別人也已經忘了，發怒與否其實已不甚重要。今日，沒有甚麼事情是非常重要的，也不是無法放不下的。當我們能停下來，看看引致我們發怒的「事情」，可能就能平伏下來了。

⑥ 窮得只剩下錢

日期：2009 年 3 月 1 日　　　　　經文：尼希米記 1 章 2-3 節

　　老信徒看了一本書，叫《窮得只剩下錢》，這本書是台灣一個牧師王陽明所寫的，因為台灣前總統陳水扁入獄，他的家人買了一本給陳水扁看，因而在台灣及香港都賣到斷了市，老信徒托人幾經辛苦才買到這書，它在序言中說了一個故事，說有一位成功的女企業家，住在山邊的豪宅，有一天，她接到一位很久沒有見過的高中好友的電話，說要去探她，於是女企業家開了一部豪華的房車去接那友人。那友人抵達那豪宅時，見豪華的氣派，加上花園、網球場、游泳池、十多間客房、名畫等等，十分羨慕。於是，那友人問：「你的家人呢？」這時女企業家臉色一沉，說：「我先生有外遇，很少回家。」友人再問：「那麼，孩子呢？」女企業家嘆氣說：「孩子大了，搬開了住！」那友人打圓場說：「不要緊，你還有很多東西呢！」女企業家跟著說：「我現在只是『窮得只剩下錢』！」[22]

　　作者說：人不是要拼命賺錢嗎？為甚麼窮得只剩下錢！人究竟知不知他們的需要是甚麼？

22　王陽明：《窮得只剩下錢》(台北：橄欖出版，2008)，005。

經文：那時，有我一個弟兄哈拿尼，同著幾個人從猶大來。
　　　　我問他們那些被擄歸回、剩下逃脫的猶大人和耶路撒
　　　　冷的光景。他們對我說：「那些被擄歸回剩下的人在
　　　　猶大省遭大難，受凌辱；並且耶路撒冷的城牆拆毀，
　　　　城門被火焚燒。」（尼 1:2-3）

默想：雖然尼希米只是聽見一位弟兄的幾句說話，就知道猶
　　　　太人的需要。今日我們是否看見教會的需要嗎？又是
　　　　否清楚知道教會的需要嗎？我們教會有甚麼地方是像
　　　　耶路撒冷般荒涼的呢？如果你們有留意香港教會的情
　　　　況，就會發覺，教會祈禱會的出席率持續下跌，祈禱
　　　　會己成「耶路撒冷的光景」，讓我們每一位都看見教
　　　　會禱告事工的需要。

⑦ 報酬 [23]

日期：2009 年 10 月 18 日　　　經文：腓立比書 3 章 12-14 節

　　老信徒還是小孩子的時候，有一次路過一個度假村，有一部名貴的房車，正從這個度假村駛出來，經過一條泥路的時候，車子拋錨。穿著名牌西裝的車主就落車看過究竟，原來只是車子油管的螺絲鬆脫，以致漏油。但是這裡相距油站八公里，怎麼辦呢？於是他就問圍觀的村民，有誰可以幫他鑽進車底，扭緊那粒螺絲，一眾村民看一看就說，鑽進去又爬出來豈不是全身都髒了？大家都搖搖頭。

　　車主想一想，然後從他的西裝口袋裡取出幾張一千元的鈔票，大聲地跟村民說，如果誰肯鑽進車底幫他扭緊螺絲的話，他就給他們那些金錢。車主說完後，老信徒從圍觀的人群裡自告奮勇地走出來，說要幫助車主。

　　由於操作簡單，在車主的指導之下，老信徒很快就鑽進車底，扭緊了螺絲。之後他爬出來，當然滿身泥濘，他用很期待的眼神看著車主，車主也正打算把手上那幾張鈔票，交給老信徒之際，在車內的車主太太突然大聲喝止，並提議隨便賞一點給他就行了。車主聽到之後就把錢收起來，從衣袋裡拿幾個零錢給老信徒，不過老信徒就搖起頭，旁觀者亦報以噓聲，他惟有再從衣袋裡再取多幾個零錢給老信徒，不過老信徒依然不停搖頭，車主就就發脾氣地他，就說：「再嫌少的話，我就連一毛錢也不給你！」

---

23 改編自：馬浚偉 ：《靈時感動》(香港：無線電視翡翠台，20/08/2009) http://mytv.tvb.
com/lifestyle/onefromtheheart/8715。

　　老信徒仍然不肯收，只慢慢地回答他：「我父親教我，助人是不應該計較報酬的。」車主聽了就很不屑地跟他再說話，既然不計較，就收回他的錢。但是，老信徒仍然不走。便說：「是不是改變主意？」老信徒就說：「父親說：幫了人，對方會說一句『多謝』，我在等你跟我說一聲『多謝』！」無奈，車主只好說一句「多謝」。

　　說完了，老信徒似乎仍然不走。車主便說：「都話你會改變主意，是不是要這些零錢？給你！」老信徒就說：「不用客氣！父親說：人家說一句『多謝』，我要回答一句『不用客氣』」。

　　幫人理應不計報酬，權勢和財富很容易令人在不知不覺間，變得傲慢和自大，甚至蒙蔽了我們屬靈的心，以致我們不懂得天父如何塑造我們！今日，我們明不明白天上父親心意呢？

經文：這不是說我已經得著了，已經完全了；我乃是竭力追求，或者可以得著基督耶穌所以得著我的。弟兄們，我不是以為自己已經得著了；我只有一件事，就是忘記背後，努力面前的，向著標竿直跑，要得神在基督耶穌裏從上面召我來得的獎賞。(腓 3:12-14)

默想：腓立比馬帝國的特殊地位，甚至有時可以免繳貢物與稅金等，令人羨慕的。因此，身為腓立比人是件光榮的事。他們會因著他們屬世的身份和享受，往往產生自滿，而放棄追求，保羅的提醒正好叫他們反省及再起來，為主奔跑！

⑧ # 老信徒的雞蛋[24]

日期：2011年7月17日　　　經文：詩篇133章2節

　　老信徒屋後有一塊小小的空地，他在那裡種了一些蔬菜，但是他的鄰居有段時間養了很多雞，特別是那些母雞，經常去老信徒的菜園搞破壞。老信徒向鄰居反映過很多次，希望他把母雞關起來，每次鄰居都很客氣地道歉，但是意見接受，態度照舊，沒有甚麼實際的行動，老信徒也不想為了一點小事，和鄰居有甚麼爭論，傷了大家的和氣，也影響了信徒的形象。

　　有一天，老信徒準備了一袋雞蛋，趁鄰居經過，就送給他，鄰居很開心地向老信徒道謝，老信徒說：「不用客氣，我家的雞蛋怎麼吃也吃不完，反而要謝謝你幫我吃，才不會糟蹋。」鄰居很驚奇地問老信徒：「平時怎麼也沒看到你家養母雞，為甚麼雞蛋怎麼吃也吃不完？」老信徒就說：「總之我每天都很容易撿到雞蛋，所以怎麼吃也吃不完！」老信徒說完這番話之後，鄰居的母雞再沒有在老信徒的菜園裡出現，知不知道為甚麼？

　　因為從此之後，鄰居將所有雞都關在雞籠裡，因他擔心母雞又再在老信徒的菜園產蛋。其實老信徒送給鄰居的那袋雞蛋是買回來的，只要付出一點，就輕易換來一個「和睦」的結局，而且沒有傷到鄰居之間的和氣，所以信徒群體也是一樣，不一定要用吵吵鬧鬧的方法去相處，只要肯付出、肯分享，必定可以有和睦。

---

24 楊思琦：〈鄰居的母雞〉，《靈時感動152集》(香港：無線電視翡翠台，15/9/2009)，http://mytv.tvb.com/lifestyle/onefromtheheart/100475#page-1 (8/10/2009)。

經文：這好比那貴重的油澆在亞倫的頭上，流到鬍鬚，又流到他的衣襟。(詩 133:2)

默想：當人看見油慢慢流下來，自然分享著那珍貴的香膏所四處散播出來悅人的香氣！分享帶來上一節的和睦，和睦也使人更懂分享。弟兄姊妹，要和睦，就要分享。我們以為和睦就是不爭吵，不出聲，不理會對方，事實不是如此，反要多溝通，多交流，多分享，無論是物質，或是屬靈上，以分享為教會的文化，才能成為一個和睦的教會。而分享是需要付出，和睦也是需要付出的。

⑨ 用和記啦

日期：2012 年 6 月 10 日　　　經文：詩篇 127 章 3 節

　　父母也未必明白世上所有事情，有一日老信徒乘地鐵時，聽到一位老人家對他的孩子說：「不要再用 3，3 接收不好，都叫你用和記啦！」不過，他知不知道 3 就是和記呢？時代進步，父母也未知曉所有事情，亦不知道那些是對兒女好的，唯有我們所相信的神是千載不變，我們要讓兒女得著最好的福份，就只有將我們最寶貴的信仰傳遞下去！

> **經文：**兒女是耶和華所賜的產業；所懷的胎是祂所給的賞賜。
> 　　　　（詩 127:3）
>
> **默想：**其實，很多時父母追求子女的卓越成就，是出於父母的虛榮心，忘記我們只是神的管家，子女是神交給我們管理的產業，我們理應按著神的吩咐而照管他們！

⑩ 看著子女被神放棄

日期：2012 年 6 月 10 日　　　　經文：撒母耳記上 16 章 6-10 節

　　老信徒讀中六和中七時，同班約有二十四位同學，有二十位是基督徒。三十年後的一日，他們在一個婚宴上重遇，大家在座席上高談闊論，話題卻全部有關如何栽培子女成材。但內容不是有關信仰，只是分享為他們入讀名校的辦法，其中一位甚至說：她將會辭去工作，陪同女兒去英國讀書。不過，在言談之間，老信徒嘗試將話題轉回信仰，以為他們會歡迎這轉向，其後才發現，他們的子女已經沒有跟他們返教會，更甚的是，這班以前敬虔愛主的基督徒，因著要安排子女學業，與及陪伴子女溫習和補習，大部份已經很久沒有返教會。老信徒發覺，這種情況不是在他的同學群體獨有，在舊同事和舊朋友的飯聚中，他也曾遇見這等情況，很多基督徒的信二代已經沒有再返教會了。

> **經文：**他們來的時候，撒母耳看見以利押，就心裏說，耶和華的受膏者必定在他面前。耶和華卻對撒母耳說：「不要看他的外貌和他身材高大，我不揀選他。因為，耶和華不像人看人：人是看外貌；耶和華是看內心。」耶西叫亞比拿達從撒母耳面前經過，撒母耳說：「耶和華也不揀選他。」耶西又叫沙瑪從撒母耳面前經過，撒母耳說：「耶和華也不揀選他。」耶西叫他七個兒

子都從撒母耳面前經過，撒母耳說：「這都不是耶和華所揀選的。」(撒上 16:6-10)

默想： 人往往從外表看人，如外貌，衣著、名銜和學歷等，以前撒母耳揀掃羅的時候，是因為掃羅高大，這種經驗影響他的價值判斷。因著這經驗，他跟隨世界的標準，以外在的因素判斷人。今日，很多父母親看兒女也是一樣。以外在的因素，去看及去栽培孩子，故此單單重視他們的外貌、學業、技能和將來的身份、地位，而忽略了他們的屬靈生命。但「耶和華是看內心」。「內心」除了指品格方面，也指向屬靈方面，就如對神的心，可否盛載神的靈，依神的吩咐行事，與神同行。今日，我們要培養子女成為一個敬虔愛主的人，以完成神給我們父母親的職責！